SHENGYIN
DUBAOGAO RONGKECHENG GENDANGZOU

生音

读报告　融课程　跟党走

顾晓英　主编

上海大学出版社
·上海·

图书在版编目(CIP)数据

生音 : 读报告 融课程 跟党走 / 顾晓英主编.
上海 : 上海大学出版社，2024. 10. -- ISBN 978-7
-5671-5066-9
Ⅰ. G641
中国国家版本馆 CIP 数据核字第 2024LX5844 号

责任编辑　傅玉芳
封面设计　柯国富
技术编辑　金　鑫　钱宇坤

生　音

读报告　融课程　跟党走
顾晓英　主编
上海大学出版社出版发行
(上海市上大路 99 号　邮政编码 200444)
(https://www.shupress.cn　发行热线 021-66135112)
出版人　余　洋

*

南京展望文化发展有限公司排版
上海光扬印务有限公司印刷　各地新华书店经销
开本 787mm×960mm　1/16　印张 8.25　字数 139 千
2024 年 10 月第 1 版　2024 年 10 月第 1 次印刷
ISBN 978-7-5671-5066-9/G・3637　定价　48.00 元

版权所有　侵权必究
如发现本书有印装质量问题请与印刷厂质量科联系
联系电话: 021-61230114

写在前面

由上海大学教务部、上海大学学生工作办公室联合学校十二个书院主办,教育部课程思政教学研究示范中心承办的"生音:读报告 融课程 跟党走"大学生征文比赛于2022年12月26日正式启动,2023年2月12日结束。经过评委评选,评出4个一等奖、6个二等奖、14个三等奖。征文赛结束后,组委会就着手筹备获奖作品的出版,经过一年多的努力,终于得以正式面世。

此次比赛具有以下特色:一是有意义。此次大赛聚焦学习贯彻党的二十大精神,学生结合学习思政课、课程思政而撰写征文。二是经典性。此次大赛注重党的二十大报告的原典阅读。三是广泛性。此次大赛得到全校12个书院大学生的响应和参与,有部分征文紧密联系了所学专业、所学课程和身处的社会场景。四是严肃性。此次大赛所征稿件内容健康,既有经典文献的回顾学习,又有面对智能时代生成式人工智能到来的前沿思考,反映新时代大学生的精神风貌。

"绝知此事要躬行。"从征文中,我们看到了强国时代听党话、跟党走的青年一代的昂扬斗志,听到了大学生争做有理想、敢担当、能吃苦、肯奋斗的新时代好青年的心声。从征文中,我们感受到大学课堂内外学生与教师的交流互动,见证着教师们在课堂讲授中有机融入党的创新理论时的热情专注、用功用情。我们感受着学生对学习思想政治理论课程的严肃、严谨态度,对党的创新理论的关注与思考,对党和国家发展前景的憧憬与向往……

"请党放心,强国有我!"一篇篇文章,一句句心音,彰显着新时代中国青年大学生的志气、骨气和底气。通过征文集的出版,我们希望能与读者分享这种感悟,让更多的青年大学生看到身边大学生的使命与担当。

顾晓英
2024年7月29日

目 录 | Contents

我、知识产权与党的二十大
　　——一个知识产权人的自白 ············· 周雍捷（1）
学思悟践党的二十大　推普我们在路上 ············· 华芷嘉（8）
中国梦，我的梦
　　——党的二十大与"大国外交" ············· 陆伊琳（11）
中华优秀传统文化时至今日的实践 ············· 黄钰琦（15）
信息时代下的就业应秉持人本思想 ············· 代晶晶（18）
习近平法治思想描绘中国式法治现代化宏伟蓝图
　　——学"习近平法治思想概论"有感 ············· 刘楚涵（23）
从《关于国家资本主义经济》到党的二十大报告
　　——新时期中国经济如何转型 ············· 陈榆菲（29）
立大志、明大德、成大才、担大任
　　——当代大学生的历史使命 ············· 钱佳慧（32）
担复兴使命，谱时代华章 ············· 程怡然（35）
擘画美好蓝图，开启崭新征程 ············· 陈君键（38）
志高则言洁　志大则辞弘　志远则旨永 ············· 周玮苟（42）
青年生而逢盛世　敢想敢为谱新篇 ············· 冯琦（45）
回首峥嵘岁月，奏响时代强音
　　——解读《论十大关系》与党的二十大精神的联系 ············· 管懿蕾（50）
党的二十大精神与马克思主义中国化
　　——读《〈共产党人〉发刊词》有感 ············· 韩佳岑（55）

百舸争流正逢时,共赴时代写新章 …………………………… 林 好（59）
百年未有之大变局,报告精神与自我体悟的交相映射 ………… 谢子铖（62）
感党的二十大之体悟 明青年之职责 ……………………… 厉陈燕（65）
数字化引领新征程:新时代的个人社会化之思 …………… 李滢萍（68）
承古之弦歌而以新唱之 ………………………………………… 沈桐羽（71）
在青春的双眼中 ………………………………………………… 马心洁（74）
传承党的二十大精神 树立崇高理想 ……………………… 郭家豪（77）
青春正当二十大,星光不负赶路人 …………………………… 於韵鸣（81）
砥砺奋进新时代,扬帆起航续征程 …………………………… 丁研博（84）
手传党音,语入民心 …………………………………………… 张昕瑜（87）

附录

1. 关于举办"生音"学生征文活动的通知 …………………………………（90）
2. 上海大学举办"生音：读报告 融课程 跟党走"学生征文活动
   表彰会 …………………………………………………………………（93）
3. "生音：读报告 融课程 跟党走"获奖名单 ……………………………（98）
4. 朗读党的二十大报告视频（部分） ……………………………………（100）
5. "创新中国"第22季课程班学生征文作业（节选） ……………………（102）

后记 ……………………………………………………………………（124）

我、知识产权与党的二十大
——一个知识产权人的自白

秋白书院　周雍捷

周雍捷，上海大学法学院知识产权专业2020级本科生，中共党员。现已推免至南京理工大学知识产权学院攻读硕士研究生。曾任上海大学知识产权协会学术部部长，获上海市优秀毕业生、上海大学优秀学生等荣誉称号和上海大学本科生学术论坛一等奖、"集佳杯"知识产权·中国故事比赛一等奖、长三角大学生知识产权知识竞赛三等奖等奖励，多次获评上海大学学业优秀、公益爱心、文艺体育、创新创业奖学金及各类社会奖学金。

"……加强知识产权法治保障,形成支持全面创新的基础制度。"

"找到了,知识产权,在这儿!"

2022年11月11日上午,上海大学第二十五次学生代表大会分组审议现场,组织学习党的二十大报告。当拿到人民出版社出版的中国共产党第二十次全国代表大会报告《高举中国特色社会主义伟大旗帜 为全面建设社会主义现代化国家而团结奋斗》单行本时,我第一时间在书中寻找"知识产权"四个字。终于,在第35页,它出现了。我异常兴奋,随即上台发言,与大家简单分享我对知识产权制度建设的心得体会。

在此之前,2022年10月16日,党的二十大隆重开幕的当日,我就在习近平总书记报告中关注到科技创新与文化产业发展的相关战略规划,从中引发出关于知识产权全过程参与"保驾护航"的思考。

作为知识产权人,平时接触的都是与国之大计息息相关的知识产权知识,自然也就让我养成在党和国家大政方针中寻找知识产权、思考与知识产权之关联内容的习惯,了解现有状况、未来的战略规划等,以期有效指导自身实践。看到自己的专业名称屡次出现在重要政策文件中,如《知识产权强国建设纲要(2021—2035年)》《中华人民共和国国民经济和社会发展第十四个五年规划和2035年远景目标纲要》等,我着实为之振奋。借此机会,我想结合在上海大学三年来的课堂所学,谈谈我、知识产权与党的二十大之间的"缘分"。

一、专业选择——国家的需要就是我的专业

犹记得大一年级冬季学期,出于对知识产权的兴趣,我选修了"创新创业与知识产权"这门核心通识课。当时的我还在人文社科类学习,即将面临专业选择。上完这门课后,我更加坚定地选择了知识产权作为我的第一志愿专业。

记得,那天老师在教室屏幕上列出了一张图表,展示一部苹果4S手机的真正成本仅有1 000多元,但它能卖得数倍高价的原因正是在于手机中千千万万的专利及其商标附载的品牌价值。更令我震惊的是,在苹果手机的产业链上,巨额的利润都被苹果公司及日本、韩国和欧盟的企业把持,而中国企业在其中只得扮演廉价劳动力的角色。造成如此现象的原因,正是当时中国在手机制造上的技术落后,因此被发达国家运用知识产权攫取垄断利润。此外,老师还谈到中美

贸易摩擦实际上是一场知识产权的较量……种种困境令我深受触动。

创新是经济发展的第一动力,保护知识产权就是保护创新。在当今复杂国际形势下,面对封锁、打压、"卡脖子",我国急需一批高质量的知识产权人才,为自主创新提供知识产权创造、保护、运用、管理、服务的全方位支撑,才能在经济全球化中立于不败之地!

然而,截至目前,中国知识产权人才处于紧缺状态,预计2025年才能超过100万人。但是,中国在国际上遇到的挑战却越来越大,不仅存在难以克服的技术壁垒,还时刻面临知识产权纠纷的侵扰。巨大的需求,巨大的缺口。我,作出了自己的专业选择决定。

记得2020年上海大学新生入学教育时,宝山校区体育馆的大屏幕播放着《伟业流长》纪念视频。其中,最令我震撼的还是钱伟长老校长的一句话:"国家的需要就是我的专业。"党的二十大报告指出"深入实施人才强国战略",我选择了知识产权专业,期待未来我也可以成为国家需要的知识产权人才。届时,我也可以自豪地说:"国家的需要就是我的专业!"

二、深度融入——走出一条中国特色知识产权之路

(一)建构中国特色知识产权话语体系

我在大二年级分流进入知识产权专业。正式迈入知识产权大门之后,不论是专业基础课程还是思政课程,都给了我更深层次的启发和思考。

党的二十大报告主题为"高举中国特色社会主义伟大旗帜 为全面建设社会主义现代化国家而团结奋斗"。然而,从历史上看,知识产权是西方资产阶级革命与思想解放运动的产物,并经过两次工业革命不断发展,自始缺乏中国的参与。改革开放以来,在大力进行经济建设和发展科学技术的背景下,知识产权才受到国人关注,直到2001年中国加入世界贸易组织后,我国知识产权制度才真正开始与国际接轨。因此,知识产权话语体系始终被西方社会把持。放眼未来,欲将知识产权与中国特色社会主义建设相适应,就要建构中国特色知识产权话语体系。我认为可从以下两条路径着手。

首先,从马克思主义角度阐释知识产权的内涵。在"马克思主义基本原理"

"毛泽东思想和中国特色社会主义理论体系概论"等思政课程中,老师讲解过马克思主义政治经济学中关于"科学技术是第一生产力"的观点,同时也通过马克思主义劳动观告诉我们要树立崇尚劳动的价值观。科学技术是具有创造性的智力劳动成果,而智力劳动显然属于劳动的一个重要部分。因此,通过马克思主义世界观和方法论对知识产权基本原理进行指导和说理是完全可行的。

其次,从中华优秀传统文化角度丰富知识产权的内涵。在"知识产权法总论"这一专业基础课程中,老师花了大量篇幅讲解中华法系中的知识产权基因。中国很长时间没有诞生知识产权法律制度,并不代表中国历史上缺乏发明创造。相反,中国古代有着"四大发明"等举世瞩目的成果。但与西方国家不同的是,中国文化更趋向于兼容并包、开放共享,倾向文化传播而不是获利,导致中国长期没有主张知识产权。尽管如今市场经济使我们必须重视知识产权,但知识产权制度具有局部性和区域性,我国面对西方应以自身实际出发,不应盲目接受。西方经济激励主义学说主张设定知识产权的目的是激励发明人,但是其瑕疵在于缺少对社会公共利益的考量。因此,我们完全可以尝试从上述中华优秀传统文化中"喻义不言利"的特点出发,挖掘知识产权的公共财产属性,在"人类命运共同体"倡议下提出平衡私人利益和公共利益的中国知识产权方案,而不是如以美国为首的西方国家那样搞知识产权霸权。

(二) 在中国式现代化中发挥知识产权之"式"

党的二十大报告提出了"中国式现代化"这一全新的概念。对现代化发展起促进和推动作用的知识产权,何尝不能成为中国式现代化中的一个"式"?

首先,知识产权可以运用于中国经济社会发展的多个领域,需要结合我国国情建构知识产权之"式"。在"专利法"课程中,我了解到知识产权可以通过"产学研"合作的方式促进科技成果转化实施,通过高校与科研机构申请专利、企业购买专利的方式,技术与资金强强结合,加之政府提供政策支持,形成完整的产业链,使我国研发的最新技术尽快落地投入使用;在"商标法"课程中,我了解到知识产权可以促进品牌传播与广告宣传,并且通过识别商品来源的功能、以符号形式凝结创新成果,确保品牌的纯洁性、唯一性,在国内国际贸易中不被其他经营者所混淆;在"著作权法"课程中,我了解到知识产权能够繁荣文化市场发展,如文学 IP 可以通过改编为影视剧的方式产业化运作,在更广维度弘扬社会主义核心价值观,丰富国民的精神世界,甚至通过"文化出海"将我国优秀的网络游戏或影视作品出口海外,向国际展示更好的中国;在"竞争法"课程中,我了解到知识产权可以为建设统一大市场提供保障,通过规范的知识产权保护将原先分散的要素资源整合起来,尤其提高技术、数据等智慧资源的流转效率和交易的公开透明,最大限度防止垄断现象的发生。

其次,中国式现代化进程中必然会遇到中国特有的知识产权问题,需要结合发展实际调整知识产权之"式"。在"知识产权管理"课程中,我了解到由于审查制度的不完善与有关实体"求数量""赚快钱"的冒进心态,商标恶意抢注、非正常专利申请等滥用知识产权问题在我国尤为突出,因此需要对知识产权进行合理限制,即在我国建立更为严格的知识产权审查标准。例如,对问题商标、问题专利申请及时予以驳回,已经注册、授权的及时宣告无效,并将抢注者列入黑名单,予以罚款和信用惩戒,避免别有用心人士利用知识产权扰乱市场秩序,产生负面影响。

三、应然做法——知识产权人与祖国未来

(一) 树立尊重知识、尊重创新的意识

作为知识产权人,本身研习的是知识产权专业,更要严格自律,树立尊重知识、尊重创新的意识,起到示范和表率作用。若知识产权人自己视知识产权为无物,实乃天大笑柄。只有知识产权人先迈出第一步,才能为中国知识产权事业发展提供有力基础。

首先,应遵守学术规范,杜绝论文抄袭。记得在"著作权法(1)"课程的期末考试前,老师在课程微信群中就提醒我们,要对自己的课程论文负责,不能学着著作权法而"打自己的脸";而在"著作权法(2)"课程的开始,老师即在PPT上展示出"学术诚信条例"并向全班宣读,让我们在心中宣誓。对于这些督促,我时刻铭记在心。党的二十大报告指出:"培育创新文化,弘扬科学家精神,涵养优良学风,营造创新氛围。"我们知识产权人应该要带头践行上海大学"严谨、勤奋、求实、创新"的八字学风,牢记科研诚信,不剽窃他人成果。

其次,向侵权假冒说"不"。在互联网经济高速发展的当下,我们在日常生活中经常遇到侵权假冒的商品或服务。侵权假冒是典型的违法行为,理应受到法律的制裁。在党的二十大再次强调"坚持全面依法治国"的背景下,我认为应当

从身边的小事做起，对侵权假冒行为予以坚决抵制，如不贪图便宜购买盗版书籍、观看盗版影视剧等。尤其作为知识产权人，更应发挥专业优势，自觉同侵权假冒行为作斗争，必要时应积极向电商平台、正版经营者、市场和文化监管部门进行举报，维护创新主体的应有利益，而不是让原本应属于创新主体的"果实"落入不法分子之手。

（二）扎扎实实做好知识产权研究

学习党的二十大精神，绝对不能搞"假大空"，而是要真正付诸实际行动。结合党的二十大报告末尾强调的"青年强，则国家强"，可以深切感受到"加强知识产权法治保障，形成支持全面创新的基础制度"的责任正是落在我们当代知识产权青年肩上。在改革开放的春风中才受到关注的知识产权之于我国仍十分年轻，我国知识产权制度尚存在许多待完善之处。同时，知识产权又是飞速更新迭代的研究领域，5G、短视频、人工智能等新兴产物不断引发新的知识产权问题。在很多情况下，知识产权理论研究没有先例可循，需要细心探寻、持续摸索，极度考验耐心和毅力。但是，从另一角度看，正是因为现有知识产权研究的不成熟，才使得我们具有广阔的施展才干的空间，无意间的想法很可能成为有效的解决方案。记得在"著作权法（1）"课程结课后，老师鼓励我们利用暑假时间参与学术研究。在老师的悉心指导下，我撰写的论文《论涉网络版权临时禁令的适用条件》获得上海大学第五届本科生学术论坛二等奖，研究成果在校内广为宣传。我们应当不怕困难、坚定信心，运用好专业知识，在文献阅读、比较分析的基础上扎扎实实作好知识产权研究，积极提出自己的思考，通过持之以恒的奋斗力争攻克一个又一个学术难题，为我国经济社会发展贡献知识产权力量。

（三）努力成为知识产权的传播使者

党的二十大报告指出："一切脱离人民的理论都是苍白无力的。"鉴于知识产权与国民经济和日常生活息息相关，知识产权绝对不能是专业人士的"自娱自乐"，应当将其与民众建立更紧密关联。在具体路径上，党的二十大报告强调"讲好中国故事、传播好中国声音"，在知识产权层面即为讲好知识产权故事。平时，我就有与家人和朋友探讨知识产权问题、交流知识产权知识的习惯，还时常在社交平台发表对知识产权热点的见解，而学校课程显然给予了我们更大的传播舞台。在"思想政治理论课（实践）（2）"课程中，我录制了"从知识产权看创新型国家建设"的宣讲视频,并与小组成员一同进行知识产权认知情况的问卷与访谈调研,将知识产权与国家发展的历程紧密融合,把知识产权故事讲给课程班各专业的同学听;在"知识产权管理"课程作业背景下,我目前正在参与学院主办的"知识产权·中国故事"撰写比赛,向更多人展示中国知识产权经验与形象。我们要努力成为知识产权的传播使者,普及知识产权基本常识,唤醒广大人民群众的知识产权意识,在全社会营造良好的知识产权氛围,发动全民力量共同助力知识产权强国建设。

四、结　　语

之所以全篇以"知识产权人"自称,是因为尽管我们尚为知识产权专业的学生,但使命已经十分重大,时代赋予的责任义不容辞。我们需要尽快融入中国知识产权事业的洪流,在学习过程中主动放眼全局、探求新知,而不仅仅是被动地、机械式地接受知识。我们应当将国家前途命运与专业学习结合起来,从更高层次对自己进行要求,即把成为对社会主义现代化建设有用的知识产权人才作为永远的奋斗目标。

上海大学知识产权学院于1994年成立,是全国第二家成立的知识产权学院。30年来,一代代上大知识产权人接续奋斗,其中不少优秀校友已成为知识产权行业的中坚力量。我将贯彻好党的二十大报告中的知识产权相关精神,在课内课外加强知识产权理论学习与学术研究并付诸实践,努力赓续老一辈上大知识产权人的优秀传统,力争为上海大学知识产权学科发展乃至知识产权强国建设尽一份绵薄之力。

学思悟践党的二十大　推普我们在路上

青云书院　华芷嘉

华芷嘉,上海大学文学院历史系2021级本科生。在校期间,曾任文学院社团联合会外宣部部长、上海大学普通话社社长,获上海大学第十四届"自强杯"校赛二等奖、学校"生音"征文活动一等奖等,2022年文学院优秀骨干、2022年"推普助力乡村振兴"全国大中专学生暑期社会实践志愿服务优秀团队荣誉称号,收到教育部语言文字应用管理司和共青团中央青年发展部表扬信,曾获上海大学公益爱心、创新创业奖学金及国家励志奖学金。

小康社会已经全面建成,中国迈向了实现现代化建设的新阶段。但对我而言,并没有感受到什么不同,我依然过着按部就班的生活。但我也会突然想到,路上的汽车多了,在我家乡的三线小城市,也几乎一家一辆车了;人们的生活幸福指数高了,精神娱乐也多了起来;教育水平提高了,义务教育也基本普及了……这些变化并不是一蹴而就的,而是潜移默化地发生在我们身边。这些变化犹如春雨一般细润无声,绵绵地渗入生活的方方面面。

中国共产党第二十次全国代表大会报告《高举中国特色社会主义伟大旗帜 为全面建设社会主义现代化国家而团结奋斗》指出,中国式现代化是全体人民共同富裕的现代化,共同富裕是中国特色社会主义的本质要求,也是一个长期的历史过程。要全面推进乡村振兴,要以铸牢中华民族共同体意识为主线,坚定不移走中国特色解决民族问题的正确道路。团结才能胜利,奋斗才会成功。民族团结进步为各民族繁荣发展提供强大动力,各民族繁荣发展为民族团结进步奠定坚实基础。推广普及国家通用语言文字,是铸牢中华民族共同体意识的重要途径,是建设高质量教育体系的基础支撑,是实施乡村振兴战略的有力举措,对于加强民族认同感、全面推进民族团结进步事业有着推动作用。

为响应并践行《高举中国特色社会主义伟大旗帜 为全面建设社会主义现代化国家而团结奋斗》,深入学习贯彻党的二十大精神,加大民族地区、农村地区国家通用语言文字推广力度,服务铸牢中华民族共同体意识,助力民族交流,我在2022年和2023年的假期与团队同学前往知名贫困县四川省凉山彝族自治州雷波县进行社会实践调研,并与在当地支教的同学进行交流。随着小康社会的全面建成,推普助力乡村振兴作用愈加彰显。国家通用语言文字教育教学质量持续提升,国民语言文字应用能力和语言文化素养不断增强,社会用语用字更加规范。但在民族地区的大山里,依然存在着不少暂时未能奔向幸福的角落。在那里,我看到了不一样的轨迹。

在参加"推普助力乡村振兴"活动之时,我的行程并不轻松。语言障碍、民族文化差异犹如一条鸿沟横在我的面前。语言是人与人之间交流的纽带,而我真真实实体会到语言不通带来的焦头烂额。如果没有同学的翻译,我想我很有可能寸步难行。但也正是这短暂的几天,让我有了很多不一样的收获。我走访过当地仅有的学校,那里教育资源不丰富,但那里的孩子们却有一颗坚定学习的心。他们健康活泼而且开朗,普通话和彝语都很标准,这正是脱贫攻坚政策,让他们能够坐在教室里,能够奔跑在操场上。他们是火一样的朝阳,炽热真诚,而普通话则是通往广阔天地的桥梁，让他们有能力奔向未来、奔向幸福。对于富有民族特色、发展不平衡的雷波县，我和同学们在了解了当地的特色农副产品后，也通过制作视频帮其宣传。

这让我感受到我的努力具有非凡的意义。我承担起作为新时代语言文字传播者的使命，为推普奉献自己的力量。阅读党的二十大报告，我更是受益良多。作为新青年，我们是时代的弄潮儿，更应该肩负起当代大学生的社会责任感和使命感，脚踏实地，仰望星空，用实际行动回报习近平总书记的殷切期望，守正创新，为中华民族的伟大复兴奉献自己的力量。我们应牢牢把握时代赋予的机会，与民族同进步，与祖国共成长。

习近平总书记提到，要"以史为鉴，开创未来"。从雷波县的发展中，我深刻理解到这一含义。坚持和发展马克思主义，必须同中华优秀传统文化相结合。只有植根本国、本民族历史文化沃土，马克思主义真理之树才能根深叶茂。中华优秀传统文化源远流长、博大精深，是中华文明的智慧结晶，其中蕴含的道理同科学社会主义价值观主张具有高度契合性。我们必须坚定历史自信、文化自信，坚持古为今用、推陈出新，把马克思主义思想精髓同中华优秀传统文化精华贯通起来、同人民群众日用而不觉的共同价值观念融通起来，不断赋予科学理论鲜明的中国特色，不断夯实马克思主义中国化时代化的历史基础和群众基础，让马克思主义在中国牢牢扎根。也正是理论与实践的创新，乡村振兴才能发展起来，各民族才能如同石榴籽一般紧紧地拥抱在一起。

一百多年前，中国共产党成立在那个风雨飘摇的年代。作为历史学专业本科生，我们总是在学习、在阅读，因为了解过，才更能知晓中国共产党一路走来的坎坷。在那个年代里，我们一点一点摸着石头过河。人民构建了国家的历史，而中国共产党正是人民的政党。中国共产党能够从若干政党中脱颖而出，成为时代、人民所支持和拥护的对象，正是因为一百多年来，中国共产党紧紧依靠人民创造历史，坚持全心全意为人民服务的根本宗旨，站稳人民立场，贯彻党的群众路线，践行以人民为中心的发展思想，坚持马克思主义中国化。幸福感提高了，人民就会有梦想，国家就会有希望，中华民族伟大复兴的中国梦就能启航。

实践没有止境，理论创新也没有止境。读完习近平总书记的报告，我更加明确了未来的方向，不知不觉中将个人的未来与国家的未来相联系，而我今后也将继续担负起新时代新青年的使命，为中国梦的实现添砖加瓦。

中国梦，我的梦
——党的二十大与"大国外交"

青云书院　　陆伊琳

陆伊琳，上海大学文学院汉语国际教育专业2021级本科生，中共预备党员。现任汉教班班长，曾任校团委组织部评先树优中心副部长、文学院主席团成员、本科生团总支书记。本科期间多次获学业一等奖学金，获评上海大学优秀学生等荣誉称号。曾获全国大学生区域国别演讲大赛二等奖，以"地方公共数据治理"为主题在期刊上发表论文。

党的二十大是在全党全国各族人民迈上全面建设社会主义现代化国家新征程、向第二个百年奋斗目标进军的关键时刻召开的一次十分重要的大会。习近平总书记的铿锵话语、深刻论述，描绘了以中国式现代化全面推进中华民族伟大复兴的宏伟蓝图，鼓舞人心，催人奋进，新征程是充满光荣和梦想的远征！

在"习近平新时代中国特色社会主义思想概论"课堂上，任课老师细致讲解党的创新理论，带领我们认真研读党的二十大报告，帮助我们进一步理解深刻内涵，成为习近平新时代中国特色社会主义思想的坚定信仰者、积极传播者、模范实践者。

通过学习，我感受颇深的是"促进世界和平与发展，推动构建人类命运共同体"这一章节。习近平总书记在党的二十大报告中指出："中国始终坚持维护世界和平、促进共同发展的外交政策宗旨，致力于推动构建人类命运共同体。"共同构建人类命运共同体是习近平总书记提出的中国方案，中国始终积极推动构建人类命运共同体。

"一带一路"是习近平主席在2013年提出的合作倡议，为沿线的发展中国家带来难得的机遇。俗话说："授人以鱼，不如授人以渔。"诸多国家正是在"一带一路"的带领下看到了发展的曙光，在这其中我国扮演着重要角色，并为世界各地的发展助力。共建"一带一路"，为各国和世界经济增长开辟了更多空间，为加强国际合作打造了平台，为构建人类命运共同体作出了新贡献。党的十八大以来，习近平总书记作为中国特色大国外交的总设计师，领导中国外交攻坚克难、砥砺前行，逐步走出了一条中国特色大国外交之路，推动我国外交取得了全方位、开创性的辉煌成就。

提到中国外交史，就不得不想到三位不同时代的代表人物。

一是探索时代：第一个睁眼看世界的中国人。张骞，西汉伟大的外交家、探索家，是古丝绸之路的开拓者，被称为"东方的哥伦布""第一个睁眼看世界的中国人"。他两次出使西域，打通了汉与西域各国之间的通道，促进了各民族间的交流，推动了人类文明的发展。张骞本是一名不起眼的郎官，却为建功立业挺身而出，带着勇气和梦想两次踏上艰险的西行之路。第一次，张骞从长安出发，行过茫茫沙漠无涯戈壁，越过巍巍山岭皑皑冰雪，其间还为匈奴所俘困于西域十余年。受困期间，他经受住了种种磨难，还对当地进行细致考察，最终带着翔实的资料逃离匈奴，回归故土。第二次，他奉帝命而出发，率领大规模使团，携数千金币丝帛和数万头牛羊，再次走访西域各国，打通了一条人心所向的商贸、经济、文化与和平之路。后人为这条路取了一个如诗如画的名字——丝绸之路。张骞的壮举，为中国搭建起连接世界的桥梁，连通了中国与异国的经济、文化和友谊，为各民族的交流、交往、交融打下了坚实的基础，也为中国的外交史书写了无比光辉的一页。

二是维权时代：民国第一外交家。顾维钧，被誉为"民国第一外交家"，是第一个代表中国在巴黎和会上对列强说"不"的人，也是第一个在联合国宪章上签字的中国外交官。1919年，顾维钧临危受命，前往巴黎和会。为了争取收回德国在山东的特权，顾维钧挺直脊梁，据理力争：中国不能失去山东，正如西方不能失去耶路撒冷！然而，他的滔滔雄辩虽引起了强烈的反响，却没有改变旧中国任人宰割的命运，西方列强还是将德国在山东的权利给了日本。国家领土，不能有丝毫妥协。在使尽浑身解数也枉然后，顾维钧断然拒绝在《凡尔赛和约》上签字。他成了近代百年来第一个代表中国对列强说"不"的人。这声"不"，看似简单，却犹如一声惊雷，震撼了整个世界。在国运衰微之际，顾维钧凭借非凡的智慧与勇气，用挺直的脊梁维护了国家尊严，也为自己赢得了世人的敬意。

三是共赢时代：外交儒士。谦谦君子，似玉儒雅，是公众对汪文斌的第一印象。然而，站在外交部的发言台上时，汪文斌的儒雅中多了一份坚决，他风度翩翩而不卑不亢，该坚持的立场寸步不退，该守护的山河寸土不让。面对克拉夫特等美国政客蓄意挑事的言论，他儒雅又不失霸气地驳斥道，"不要拿无理当真理，把谎言当武器"，并奉劝他们，"早日迷途知返，做好自己应该做的事情"。东航客机失事后，在主持例行记者会时，汪文斌佩戴了一条黑色领带。一名记者提问："我注意到你今天佩戴了黑色领带，请问有何意义？"汪文斌眼含泪花却言语平静地答道："不需要我跟你多说了吧？下一个问题吧。"一个无声的细节，一句克制的回答，寄托着汪文斌对遇难同胞沉重的哀思，也体现了他沉稳冷静、大气得体的君子气度。不论遇到怎样的突发事件，无论面对外媒何种恶意刁难，汪文斌始终谈吐文雅、举止得体。他的一言一行，无不彰显着大国之风范。在他的举手投足间，藏着一颗强大而坚定的心，守住国家和人民不容侵犯的利益。

或许在很多人的印象中，外交是一项只需要政府部门和官员参与的与其他国家进行事务谈判的活动。然而，我们知道外交与全球人民息息相关，外交也在构建人类命运共同体上起到了至关重要的作用。"天行健，君子以自强不息。"我们成长于世纪之交，可以领略到以科技和经济大发展为中心的瞬息万变的时代变迁，也正面临着巨大的变革。我们决不能随大流，也不沾沾自喜，要把自己立场摆好，为中华民族的伟大复兴做出自己应该做的事情。

党的二十大报告指出："我们真诚呼吁，世界各国弘扬和平、发展、公平、正义、民主、自由的全人类共同价值，促进各国人民相知相亲，尊重世界文明多样性，以文明交流超越文明隔阂、文明互鉴超越文明冲突、文明共存超越文明优越，共同应对各种全球性挑战。"作为一名汉语国际教育的学生，传播中国文化与文明，我们义不容辞！

　　汉语，作为中华文化的载体，以其独特的魅力和实用价值，吸引越来越多的国内外人士去关注和学习。"国家强则文化盛，国家强则语言强。"这是美国40多所孔子学院院长们的共识，这也是中国改革开放与"中国语言文化热"之间的必然联系。其实语言强也一定促使着国家强。每一位汉教人都是一条小河，成千上万条小河的汇集，终将变成江海。时代赋予我们的任务是将千百年来中华民族的文化传播到世界，通过我们的汉字，让世界读懂中国，通过各类文化，让他们了解华夏文明的魅力。我们要讲接受者听得懂的中国故事，还要用接受者乐于接受的方式。从小视角中见大道理，从有特点的个人讲中国故事。在汉语国际教育中，我们要做凝心聚力的桥梁纽带，用我们的口讲出中国故事，用我们的爱传播中国声音。

　　五千年的上下求索，中国文化沉淀下来的深厚底蕴是每一个中国人的财富。中国故事，生机勃勃地绽放在沙漠中，形成于蓝天里。"四十载波澜壮阔，九万里风鹏正举。"我们有巍峨攒聚的山岳峰峦与奔流不息的滚滚长河，我们有历经风雨磨砺而不屈不挠的中国人民，我们更有铿锵有力、生生不息的中国精神！

　　从"一大"以来，百年征途，风雨兼程，中国共产党恪守初心使命，披荆斩棘，筚路蓝缕，赓续前行，把一个落后贫弱的民族引向富强，缔造了一段可歌可泣的人间传奇，描绘了一幅光耀世界的宏伟图景，谱写了一曲彪炳千秋的壮丽史诗。作为新时代青年，此生幸在华夏，可阅锦绣河山，可赏百年荣光，也必将坚守初心、奋力向前、追梦逐光。

　　习近平新时代中国特色社会主义思想如暗夜明月，为我们指明了勇毅前行的正确方向；党的百年奋斗的重大成就和历史经验如荒漠甘泉，为我们提供了埋头苦干的精神力量；一位位走在时代前列的先锋模范如天上星辰，为我们作出了牢记使命的表率。

　　道阻且长，行则将至。青年之心，心心向党；青年之情，情系祖国。青年一代在这样辉煌伟大的时代，拳拳赤子心依旧，殷殷爱国情不断。

　　忆往昔，时逾百年含苦艰，踔厉奋发扭乾坤。看今朝，巍巍华夏岁峥嵘，气壮山河展宏图。望来日，砥砺奋进新征程，国之重担在吾辈！

中华优秀传统文化时至今日的实践

青云书院　黄钰琦

黄钰琦,上海大学文学院汉语言文学专业2021级本科生。上海大学第十二届青年志愿者协会红十字志愿者工作站副部长。

2022年10月22日,中国共产党第二十次全国代表大会,习近平总书记代表中国共产党第十九届中央委员作了《高举中国特色社会主义伟大旗帜 为全面建设社会主义现代化国家而团结奋斗》的报告。报告指出了"三个务必""十年来三件大事""跳出治乱兴衰历史周期率的第二个答案""中国共产党的中心任务""中国式现代化的本质要求"等一系列重要论述,对过去的经验进行总结和借鉴,对当下的任务指明方向并找出重点,对未来的道路进行规划和统筹,全方位地展示了中国共产党对我国近十年来甚至中国共产党成立以来的思考和归纳。

其中,与我所学习的课程相结合,我认为中华优秀传统文化在历史长河中的传承与实践在报告中得到了充分的体现。除了广为人知的"取其精华、去其糟粕",中华优秀传统文化作为我们民族传承千年的精神财富也应与时俱进,即与马克思主义相结合。五四运动为中国送来了马克思主义,这一崭新的思想潮流涵育着俄国十月革命的胜利,让当时深受封建文化糟粕毒害的人们看到了改革的希望,拥有了思想的旗帜和武器。至此,马克思主义和中华优秀传统文化便难舍难分、相辅相成了。

报告中提到,"坚持和发展马克思主义,必须同中华优秀传统文化相结合。只有植根本国、本民族历史文化沃土,马克思主义真理之树才能根深叶茂。中华优秀传统文化源远流长、博大精深,是中华文明的智慧结晶,其中蕴含的天下为公、民为邦本、为政以德、革故鼎新、任人唯贤、天人合一、自强不息、厚德载物、讲信修睦、亲仁善邻等,是中国人民在长期生产生活中积累的宇宙观、天下观、社会观、道德观的重要体现,同科学社会主义价值观主张具有高度契合性。我们必须坚定历史自信、文化自信,坚持古为今用、推陈出新,把马克思主义思想精髓同中华优秀传统文化精华贯通起来、同人民群众日用而不觉的共同价值观念融通起来,不断赋予科学理论鲜明的中国特色,不断夯实马克思主义中国化时代化的历史基础和群众基础,让马克思主义在中国牢牢扎根。"

从"天下为公、民为邦本"的角度来说,这与孟子的民本思想不谋而合,放到今日便体现为我国人民当家做主的社会主义民主政治的本质特征,坚持中国共产党领导是中国式现代化不可缺少的原则,这是现代化最鲜明的特征和最突出的优势。保持中国共产党的纯洁性便能保证"任人唯贤"的人才要求,是一切政治行为的前提。

从"天人合一"这一角度来说,这四字在中国哲学思想中就有阐述:道家所说的"天",多指自然、天道,"天人合一"多指人与道合而"大地与我并生,万物与我为一"的境界。中华传统文化认为自然界的天、地、人互相照应,道教道法中又有"天人感应"的论说,足见人类与自然的关系之密切。在现今的治理实践中,为了将道法融入人民生活,"可持续发展"的理念被提出来,作为科学发展观的基本要求之一,这是关于自然、科学技术、经济、社会协调发展的理论和战略。1980年,国际自然保护同盟的《世界自然资源保护大纲》中指出:"必须研究自然的、社会的、生态的、经济的以及利用自然资源过程中的基本关系,以确保全球的可持续发展。"放眼全球,人类面对的如全球气候变暖带来气候效应、臭氧层的损耗与破坏、生物多样性减少、酸雨蔓延、森林锐减等环境问题也很严峻;而中国人口众多,人均资源相对不足,就业压力大,生态环境突出,因此,可持续发展问题更加重要,旨在满足当代人们的发展需要的同时也要为未来的发展、后世的子孙谋福。

从"亲仁善邻"的角度来说,中华民族一直崇尚和睦相处的和谐之道,自古代就有着陆上和海上丝绸之路,保持着与友邦的经济贸易往来,促进着政治、经济、文化、思想的交流与融合;也存在着"朝贡"这样并不平等的关系,曾受后人诟病。但与西方殖民文化不同,中华民族的传统文化在外交方面总是采取温和、友好的态度。党的二十大向世界宣示了中国将继续坚持和平共处五项原则、推进落实全球发展倡议和全球安全倡议,这有利于推动各国关系健康发展。埃及赫勒万大学政治学教授穆罕默德·希米说,中国坚持在和平共处五项原则基础上同各国发展友好合作,这有助于促进共同发展和繁荣,提高人民生活水平,推动构建人类命运共同体。随着中国国际影响力、感召力、塑造力的显著提升,党的十八大以来,中国以前所未有的广度、深度和力度参与全球治理,为全球治理模式提供了不同于"一国独霸"或"几方共治"的新选择,推动全球治理体系朝着更加公正、合理、有效的方向发展。

此外,全球化的推进也验证了崇尚合作与和谐的中华传统文化在应对现代世界局势时也同样奏效。全球公共卫生安全治理离不开联合国、世界卫生组织等国际组织的积极应对和主要大国的协调一致。人类命运的共同体,正是与友邦、邻邦关系的递进和现代化。

中国优秀传统文化如同天上的星斗是不可计数的,贯穿于人民的生活、国家的领导之中。尽管文化精神在历史长河中已流淌了几千载岁月,但其丰富的文化内核与凝练的经验教训仍旧能时常给予后人以醍醐灌顶的功效,这也就注定中华优秀传统文化需要陪同全民族在过去、当下、未来不停实践,始终走在一条光明坦途上。

信息时代下的就业应秉持人本思想

青云书院　代晶晶

代晶晶,上海大学文学院汉语言文学专业2021级本科生,中共预备党员。曾任上海大学校团委实践部干事,文学院团委实践部干事,现任班级团支书。曾获2022—2023年度上海大学优秀学生荣誉称号,2022—2023年度上海大学公益爱心、自强不息奖学金,连续两年获得国家励志奖学金。

"江山就是人民、人民就是江山。"党的二十大报告提到,在过去五年,中国深入贯彻了以人民为中心的发展思想,突出保障和改善民生,在未来我们依然坚持人民至上的原则,站稳人民立场、尊重人民创造,这也点明了人民的重要地位和我们未来发展的方向。在全面建设社会主义现代化国家的过程中,新一轮产业革命也将深入发展,革命必将带来许多复杂、潜在的不稳定因素,我们应该未雨绸缪,增强忧患意识,积极思考如何应对产业结构调整带来的一系列问题,尤其是对于人民群众的影响。

在如今信息时代下,人工智能在产业革命中是一个令人关注的领域。它带来的一系列问题也引发了广泛的讨论,尤其是对人们就业的影响。李开复曾在演讲中说到,未来90%的岗位将会被人工智能所取代,而中国从事可替代性工作岗位的人口众多,那么靠着这些岗位安身立命的人该何去何从呢?毕竟就业是最大的民生。

许多研究表明,人工智能对就业的影响大致体现在就业总量和就业结构两个方面,而这两个方面也是就业者们最为关心的问题。人工智能技术是前沿科技,我们需要支持它的发展,但人民群众是社会发展的灵魂,我们也要保护人民群众的利益,所以,为了平衡两者的关系,实现共赢,我们应采取相关措施去应对,将科技发展与人文精神结合起来,在发展过程中秉持人文关怀的思想,既助力人工智能得到更好的发展,也保障人民利益。以下我们就人工智能对就业的影响和应对方法进行分析。

一、人工智能对就业总量的影响

人工智能替代了许多的岗位,势必会造成大量劳动力失业。纵观人类发展的历史,可以发现技术进步其实不仅没有导致大规模的失业,反而创造了大量的就业机会,规律人工智能带来的影响也是如此,具有替代效应和创造效应的双重影响。其实,研究发展人工智能的主要目标就是让机器代替一部分人所从事的劳动,所以,替代一些职业是人工智能的职责和使命所在,这也是必然的结果。总体来说,单调的、重复性、机械呆板的、危险的、肮脏的、有害的、劳动力成本高的、规则流程式的职业和任务更可能被人工智能替代,创意性、人际性、灵活敏捷性、直觉决策性、要求较高教育水平的职业和任务相对难被替代。但人工智能在替代一些岗位的同时也会创造一些岗位：一是人工智能的应用可以提高企业的生产效率，降低生产成本，如果产品需求具有弹性，则产品价格的下降会增加对产品的需求，从而促使企业扩大规模，规模扩大势必将会提供更大的就业岗位；二是人工智能可以一直不间断地运转，会提高企业的生产效率，根据经济学原理，产品价格会下降，那么居民的支出会减少，从而可支配收入变多，购买力提高，进而引致其他行业规模的扩大，增加就业；三是人工智能的发展会提供一些与之相关的岗位，比如零部件的维修和加工等，会创造出一些新的岗位，其应用也会创造一些新任务、新业态、新工种和新服务，从而增加就业，比如伴随着人工智能技术发展进步，现有劳动密集型工作将覆灭，全新的、更复杂的工作机遇同时会被创造出来。党的二十大报告中指出："强化就业优先政策，健全就业促进体系，完善重点群体就业支持体系。"所以我们不必过于担心。未来，政府会在就业方面加强引导，就业前景还是比较乐观的。

总的来说，人工智能对就业量的影响取决于其替代效应和创造效应谁占上风，人工智能大部分替代的都是重复性高、危险有害的职位，这不仅有利于减少意外事故的发生，而且对人体健康有利，对健康中国战略也有促进作用，还能够避免机械性工作对人的意志的消磨，让更多的人投入到提升自我中去，有利于提升国家的人才储备，也能提高人的自我满足和获得感。所以，我们应跳出自怨自艾的旋涡，在积极推动人工智能带来的创造效应方面下功夫。

二、人工智能对就业结构的影响

人工智能作为一种技术性的创新，对就业结构中产业结构的影响应该是最为显著的，在三大产业结构中，第一产业和第二产业由于其重复性高的特点，其中大部分职业不可避免地将会被人工智能所替代，第三产业中物流储蓄等较为简单的行业也会被人工智能所代替。所以随着人工智能技术的发展，不同部门就业规模此消彼长，在不远的将来将会导致部门就业结构大幅度改变。中国一直在推动产业结构转型，人工智能的发展恰好可以促进这一进程，是顺应我国发展战略的必要途径。

人工智能在不同地区对产业结构的影响也是不同的，应具体问题具体分析。国际范围中，在发达地区，由于生产技术水平较高，人工智能技术更为先进和成熟，应用也更为广泛，有助于产业结构的快速转型，带动经济快速发展，这是一种良性循环。在欠发达地区，人工智能对就业结构的影响比较弱。一方面，由于生产技术水平较低，人工智能发展比较落后，应用人工智能所耗成本较高；另一方面，由于劳动者素质较低，人工智能所带来的岗位也得不到有效利用，所以这种类似拔苗助长式的结构转型对经济发展不太有利。

如今我国产业结构面临许多问题：一是三个产业间的比例关系失衡，农业和重工业占比较大，第三产业所占比例偏低；二是相较于国外大规模机械化生产方式，我国第一产业生产方式较为落后，土地较零散，不利于机械化大规模耕种，浪费了大量的劳动力资源，生产效率低；三是第二产业多为高耗能、高污染、低附加值的加工业，带来的经济效益还是很低；四是第三产业全面落后的状况依然没有明显改观，相较于发达国家仍然有很大的差距。发达国家主要以信息、咨询、科技、金融等新兴高科技产业为主，而中国尚以传统的商业、服务业为主，本土新兴产业较少，品牌竞争力较弱。

由此可见，人工智能对就业结构带来的影响也是顺应了社会发展的趋势，是中国产业结构转型道路上的重要推动力，也是顺应党的二十大报告中指出的产业革命的发展需求，对推动我国经济的高质量发展具有重要作用。

三、如何应对人工智能所带来的影响

就业问题关系到人民的基本生活。反观历史，工业革命时期，机器的大规模运用造成了民众大量失业，爆发了"卢德运动"，电灯出现后爆发了点灯人游行，这类故事不胜枚举。现在ChatGPT出现了，对于人工智能所带来的影响我们要积极应对，汲取历史的教训。

当务之急就是加强教育。党的二十大报告中指出，要实施科教兴国战略，强化现代化建设人才支撑。一方面，要加强基础教育。据调查，有很多人仅仅知道人工智能这个词，对其认知也只是停留在表面。所以，对义务教育阶段的课程进行有针对性的设计，增加人工智能相关课程，进行人工智能通识教育，让更多劳动者在学生时期了解人工智能方面的知识是很有必要的。另一方面，要明确高校引领发展。教育部推出了《高等院校人工智能创新行动计划》，高校要重视人工智能相关专业的发展，投入更多的资金与精力，培养更多的具有创新创造能力的高素质人才。人工智能自身发展好了，才能更好地发挥其带动作用，带来更多的创造效应。当然，政府部门也需加大扶持力度，对于失业人员要做好技能再培训，让失业人员掌握技术，促进失业人员再就业。个人也要具有前瞻性并不断地学习新知识与新技术，树立终身学习的信念，做一个复合型人才，才能适应因人工智能而带来的巨变，才能在竞争激烈的劳动市场中拥有立足之地。

有效的就业需要信息的高效流通，在信息时代更要利用好现代大数据技术，构建人才信息库，把求职者信息精准地投放到所需企业，将企业的用工招聘信息等推荐给适合的求职者，促进人才与企业之间的沟通、交流，建立待就业人才供给侧与需求侧的桥梁，这样有助于促进就业公平，满足企业对高素质劳动力的需求；有助于提高劳动力的利用率，促进劳动力跨区域流动，提高落后地区人民的生活水平；也有利于先富带后富，促进落后地区的发展。

如今学科融合已成趋势。在应对人工智能所带来的就业影响时，我们也可以运用学科融合的思维方式，将人文精神融入人工智能的发展之中。人文精神中的包容性，给了我们试错的空间，其肯定人的价值的精神也让我们重视人的生存和需求，其追求真理等的内涵也让我们在科技的发展中更加坚定信心……所以，在采取应对措施时将人文精神融入其中，或许会得到意想不到的效果。

四、结　　语

人工智能是新一轮科技革命的关键技术和重要产业，也是世界各国都在抢占的战略制高点，中国在人工智能方面也提供了很大的支持。人工智能作为模拟、延伸和扩展人的智能的一种技术，其对劳动力市场的影响可能比历次科技革命都要广泛、深刻和持久。

人工智能现在还处于发展阶段，不可避免地会带来一些问题。我们相信，车到山前必有路。党的二十大报告中指出，只要咬定青山不放松，我们必将能够让发展的巍巍巨轮乘风破浪、行稳致远。所以，我们只要作好了完全的准备，每一步都脚踏实地地走过，坚持人本思想的发展理念，借鉴党的先进理念和经验，跟着党的发展方向走，我们定会有"看庭前花开花落，去留无意，观天上云舒云卷，宠辱不惊"的底气和信心去迎接人工智能带来的挑战！

习近平法治思想描绘中国式法治现代化宏伟蓝图
——学"习近平法治思想概论"有感

秋白书院　刘楚涵

刘楚涵,上海大学法学院法学专业2021级本科生。本科期间担任上海大学法学院学生会学术部长、上海大学"律舟"法律援助社秘书处副部长等。曾获学业优秀奖学金、创新创业奖学金,获评上海大学优秀学生、学院优秀学生、优秀志愿者荣誉称号,参加"互联网+"等创新创业大赛并获得校级奖项,参加"金陵杯"等模拟法庭竞赛并获奖。曾获法学院"法学新星"学术论坛一等奖。

学习"习近平法治思想概论"课程，老师带领我们深入学习了党的二十大报告内容。我关注到报告中提出，通过实现中国式法治现代化不断推动社会主义现代化建设。学习党的二十大报告，我们坚定信心：中国共产党将继续带领中国人民百年奋斗，历久弥新，生生不息。而习近平法治思想则最为生动而真实地呈现出中国式法治现代化在未来的发展方向，是一项伟大的思想创举。

党的二十大指出，自党的十八大以来，我们经历了对党和人民事业具有重大现实意义和深远历史意义的三件大事：一是迎来中国共产党成立一百周年，二是中国特色社会主义进入新时代，三是完成脱贫攻坚、全面建成小康社会的历史任务，实现第一个百年奋斗目标。从现在起，中国共产党的中心任务就是团结带领全国各族人民全面建成社会主义现代化强国、实现第二个百年奋斗目标，以中国式现代化全面推进中华民族伟大复兴。在习近平法治思想的指引下，我国全面推进中国式法治现代化建设，其中基层民主法治化建设、社会公共利益法治化建设以及国家安全法治化建设效果尤为突出。

一、课程学习感悟：习近平法治思想描绘中国式法治现代化宏伟蓝图

（一）习近平法治思想的理论意义和实践意义

习近平法治思想是顺应中华民族伟大复兴要求应运而生的重大理论创新成果，是马克思主义法学理论中国化的最新成果，是习近平新时代中国特色社会主义思想的重要组成部分，是全面推进依法治国的根本遵循。习近平法治思想中的"十一个坚持"，深刻回答了新时代为什么实行全面依法治国和如何推动全面依法治国的重大理论和实践问题，阐明了全面依法治国的政治方向、重要地位、工作布局，具有科学的理论形态和鲜明的理论风格。习近平法治思想是当代中国马克思主义法治理论，是21世纪马克思主义法治理论。

在以习近平同志为核心的党中央坚强领导下，在习近平法治思想科学指引下，中国社会主义法治建设发生了历史性变革，取得了历史性成就。在全面建成社会主义现代化强国新征程上，习近平法治思想是法治中国建设在新时代取得更大成就的思想旗帜，是在法治轨道上推进国家治理体系和治理能力

现代化的根本遵循。

（二）习近平法治思想为现代化法治注入中国特色

习近平总书记在党的二十大报告中郑重强调，我们要坚持走中国特色社会主义法治道路，建设中国特色社会主义法治体系、建设社会主义法治国家，全面推进国家各方面工作法治化。习近平总书记指出，要坚持中国特色社会主义法治道路。中国特色社会主义法治道路本质上是中国特色社会主义道路在法治领域的具体体现。

作为中国特色社会主义法治理论创新发展的时代产物，习近平法治思想聆听时代声音，探索实践需要，紧跟科学发展，深刻把握新时代全面依法治国伟大实践的时代主题，系统总结新时代全面依法治国的开创性的丰富实践经验，坚持在法治实践创新的基础上，推动中国特色社会主义法治理论创新发展，提出了一系列事关法治建设全局的新理念新思想新战略。

（三）中国式法治现代化的核心要义

中国式现代化是中国式法治现代化的基础。习近平总书记在党的二十大报告中指出，中国式现代化的本质要求是：坚持中国共产党领导，坚持中国特色社会主义，实现高质量发展，发展全过程人民民主，丰富人民精神世界，实现全体人民共同富裕，促进人与自然和谐共生，推动构建人类命运共同体，创造人类文明新形态。中国式现代化是人口规模巨大的现代化，中国式现代化是全体人民共同富裕的现代化，中国式现代化是物质文明和精神文明相协调的现代化，中国式现代化是人与自然和谐共生的现代化，中国式现代化是走和平发展道路的现代化。

中国式法治现代化是全面实现中国式现代化的必经之路。一个现代化国家必然是法治国家，现代化与法治内在联结、相互依存。实现法治理念、法治制度、法治实践等的现代转变，是现代化的内在要求。同时，法治现代化的历史进程在不同国家往往具有不同的特点，形成各具特色的法治现代化道路。中国式法治现代化，是中国共产党领导人民在伟大社会革命进程中创造出来的植根中华大地、推进法治变革的自主型现代化法治新路，蕴涵独特的内在逻辑与法权要求。

二、习近平法治思想的具体实践

由于中国人口基数庞大,顺应中国国情、社情、民情的"基层群众自治制度"由此逐渐形成,成为基层治理的一大特色。而基层治理法治化是社会治理现代化的应有之义,基层治理水平直接关乎国家治理效能的提升。因此,如何在习近平法治思想的引导下以法治力量推动基层社会治理效能提升就成为新的时代命题。

习近平总书记指出,老百姓是天,老百姓是地。忘记了人民,脱离了人民,我们就会成为无源之水、无本之木,就会一事无成。坚持以人民为中心,坚持人民主体地位,是我们的制度优势,是中国特色社会主义法治区别于资本主义法治的根本所在。

(一) 习近平法治思想有利于社会公平正义

公平正义是执法司法工作的生命线。"植根人民守初心",要不断增强人民群众获得感、幸福感、安全感,用法治保障人民安居乐业。习近平总书记强调,要把体现人民利益、反映人民愿望、维护人民权益、增进人民福祉落实到全面依法治国各领域全过程。如一例堪称模范的基层民事调解案例:因为楼上滴水,重庆市渝中区的赵女士前一刻还在和邻居吵得面红耳赤,但到了大阳沟派出所,经过所长何军华一番耐心劝解,两家人很快冰释前嫌。大阳沟派出所是全国首批"枫桥式公安派出所",来到这里的金牌人民调解室,无论是邻里纠纷、夫妻不和还是其他矛盾纠纷,总能被民警和驻所调解员巧妙化解。

正如最高人民检察院对政法机关的评价:"政法机关是群众看党风政风的一面镜子。要敢于刀刃向内、刮骨疗毒,淬炼出一支忠诚干净担当的政法铁军。"如今的中国,正在一步步实现百年前沈家本先生等法学大师的法律梦:"以'公平正义'树社会新风,以'自由平等'塑国民人格。"

(二) 习近平法治思想有利于维护公共利益

习近平总书记在党的二十大报告中指出,全面依法治国是国家治理的一场深刻革命,关系党执政兴国,关系人民幸福安康,关系党和国家长治久安。必须更好发挥法治固根本、稳预期、利长远的保障作用,在法治轨道上全面建设社会主义现代化国家。而近年来,无论是党和政府在涉及公共利益的各项工作中的有效部署还是人民检察院在公益诉讼制度领域的不断深入,都体现了我国对于公共利益的高度重视,始终以最广大人民的根本利益为第一要务。

党的二十大报告特别强调"完善公益诉讼制度。"新征程新起点,这既是对公益诉讼检察实践的充分肯定,更是对公益诉讼检察工作提出了更高的期许和要求。不断强调公益诉讼的重要性,是为了能够更好地保障最大多数人民的公共利益,使中国现代法治社会更加长远地发展。完善公益司法保护的"中国方案",才能为服务保障中国式法治现代化作出新的检察贡献。

近十年来,一系列典型案件见证着中国特色公益诉讼检察制度的发展轨迹,如人民检察院以法之名捍卫英烈荣光的案件:海南省三亚市城郊人民法院对被告人罗昌平侵害英雄烈士名誉、荣誉暨刑事附带民事公益诉讼一案依法公开宣判,判处被告人罗昌平有期徒刑七个月并承担在新浪网、《法治日报》和《解放军报》上公开赔礼道歉等民事责任。法院经审理查明:2021 年 10 月 6 日 9 时 38 分,被告人罗昌平在三亚市住处用手机观看《长津湖》电影和长津湖战役纪录片视频后,为博取关注,使用新浪微博账号"罗昌平"发布帖文,侮辱在抗美援朝长津湖战役中牺牲的中国人民志愿军"冰雕连"英烈,侵害英雄烈士的名誉、荣誉。

公共利益归根结底是人民的利益,公益诉讼作为一项着眼于维护公共利益的司法制度,是党和国家的一项重大民心工程。

三、习近平法治思想的重大意义及其深远影响

党的二十大提出完善公益诉讼制度,谋远虑深,意义重大。公益诉讼检察工作这些年来一直在坚持、体现的就是中国式现代化的要求,公益诉讼检察实践对于在法治轨道上建设社会主义现代化国家发挥了积极作用。

"经国序民,正其制度。"近年来,在习近平法治思想指引下,法治领域改革成绩斐然,推进全面依法治国取得重大进展,为改革发展稳定打牢法治基础。

习近平总书记在党的二十大报告中明确强调,我们要坚持走中国特色社会主义法治道路,建设中国特色社会主义法治体系,建设社会主义法治国家,围绕保障和促进社会公平正义,坚持依法治国、依法执政、依法行政共同推进,坚持法

治国家、法治政府、法治社会一体建设,全面推进科学立法、严格执法、公正司法、全民守法,全面推进国家各方面工作法治化。

蓝图绘就,号角吹响。深入学习贯彻习近平法治思想,汇聚起亿万人民齐心向前的磅礴法治力量。奋进新时代,启航新征程,全面依法治国的步履更加坚定,"中国之治"的法治基石更加坚实,法治中国建设不断迈上新台阶、谱写新篇章,为全面建设社会主义现代化强国、实现中华民族伟大复兴的中国梦贡献强大法治力量!

正如习近平总书记在党的二十大报告中强调的那样,广大青年要坚定不移听党话、跟党走,怀抱梦想又脚踏实地,敢想敢为又善作善成,立志做有理想、敢担当、能吃苦、肯奋斗的新时代好青年,让青春在全面建设社会主义现代化国家的火热实践中绽放绚丽之花。

从《关于国家资本主义经济》到党的二十大报告
——新时期中国经济如何转型

青云书院　陈榆菲

陈榆菲,上海大学文学院汉语言文学专业2021级本科生,中共预备党员。担任中文二班班长、人文经管自管会生心部部长等,获上海大学优秀学生干部、优秀学生等荣誉称号,获上海大学本科生学术论坛二等奖、上海大学文学院启思论坛一等奖等奖励,以及上海大学学业优秀特等、领导力、公益爱心、文艺体育等奖学金。

创新是社会发展的源泉。中国共产党始终将创新理念贯穿到各个工作环节中,在经济建设、政治建设、党的自身建设等各方面取得显著成果,走出了一条马克思主义中国化的独特道路。这学期通过"毛泽东思想和中国特色社会主义理论体系概论(1)"课程修读,我深入学习了毛泽东思想、邓小平理论、"三个代表"重要思想与科学发展观。结合学习习近平新时代中国特色社会主义思想,我对党的二十大报告中所体现的中国智慧有了更加深刻的了解。

近年来,中国经济发展的政策转变鲜明地展现了中国共产党的智慧。本文主要将毛泽东同志的《关于国家资本主义经济》与习近平同志在党的二十大报告中的经济建设理念作简要对比,以期更深入地学习党的二十大精神。

毛泽东同志在《关于国家资本主义经济》一文中讲述了国家资本主义的性质区别、我国国家资本主义经济的独特性以及具体问题具体分析的共性规律。正如毛泽东同志所强调的,如果通过国家资本主义经济而获得利益的双方不同,其根本性质就是不同的。在西方思想理论界中,威廉·杰克·鲍莫尔等学者指出,国家资本主义就是国家所主导的一种资本主义类型。国家资本主义经济有赶超式、凯恩斯式、莱茵式、计划式四种,是资本主义国家在不同的历史时期根据当时所面对的经济状况制定的国家资本主义经济战略实践方法。在社会主义思想理论界中,列宁首先创造性提出"国家资本主义就是社会主义的入口,是社会主义取得可靠的胜利的条件",在新经济政策时期不断将带有资本主义性质的国家资本主义改造成为无产阶级国家服务的产物,并进行了很多宝贵的实验。中国的国家资本主义经济在根本上就是继承了这种产物的性质,而在实施方法与适用阶段上的改动使这种国家资本主义经济更加符合我国的基本国情,毛泽东同志《关于国家资本主义经济》就是对这一根本规律的把握。

毛泽东同志的《关于国家资本主义经济》,通过分析工人们为资本家所生产利润的成分占比,深刻指出,我国国家资本主义经济的独特性在于"它主要不是为了资本家的利润而存在,而是为了供应人民和国家的需要而存在",它是受人民政府管理与工人监督的。在新中国成立前期,中国的资本主义经济已两度陷入困境。在20世纪30年代对于当时社会性质的论战尤为激烈的背景下,茅盾所作的长篇小说《子夜》集中反映了资本主义经济发展的困境,同时也明确指明了中国并没有走上资本主义道路,中国民族资产阶级更无法领导中国革命的道路,只有无产阶级领导的工农革命才是中国真正的出路。因此,我国国家资本主义经济是"带着很大的社会主义性质的",以"和平赎买"等带有过渡性质的独特措施将资本主义工商业进行改造,国家资本主义经济实现了从低级到高级的发展阶段,在提振我国国民经济的同时更紧密地团结了统一战线。

正如党的二十大报告中所总结的,自党的十九大以来的五年中,我们党团结带领人民全力推进建成小康社会,全面贯彻新发展理念,保持社会总体大局稳定。我们党将发展作为执政兴国的第一要务,加快构建新发展格局,着力推动高质量发展,在新时代仍旧坚持《关于国家资本主义经济》中所集中体现的毛泽东智慧,以发挥政府宏观调控的作用,促进市场在资源配置中的决定性作用;在毫不动摇巩固和发展公有制经济的同时,毫不动摇地鼓励、支持和引导非公有制经济发展,并提出了一系列优化市场环境的措施。

通过国家资本主义经济性质的横向对比、我国国家资本主义经济的独特性在新中国成立前后二十年与新时代建立高水平社会主义市场经济体制的纵向对比,我们可以对其中蕴涵的共性规律展开论证:只有具体问题具体分析,才能更好地发挥国家资本主义经济这种特殊的经济体制的优势,发挥社会主义的优越性,向中华民族伟大复兴的中国梦迈进。同时,我们也应该正确认识资本主义,资本主义被社会主义替代是历史发展的必然趋势,但这仍然需要一个长期的过程。在与资本主义共处时,我们可以学习其进步性,并坚持具体问题具体分析的方法论,发展壮大本国的社会主义。

党的二十大报告深刻地分析了我国的发展优势,尖锐地指出了当前我国面临的国内外困境与具体的出路,这种客观冷静的态度也许正是我国面临众多诱惑、陷阱却仍然能够坚持初心、走自己的路的原因所在。让我印象最深刻、也是给我启发最大的一句话是:"我们必须增强忧患意识,坚持底线思维,做到居安思危、未雨绸缪,准备经受风高浪急甚至惊涛骇浪的重大考验。"尽管我们党团结带领人民取得了众多史无前例的成果,但仍然不骄不躁,时刻准备着迎接下一场疾风骤雨,华夏民族的风度与魅力也正在这一时刻展现得淋漓尽致。对于每一个属于华夏民族共同体的炎黄子孙来说,胜不骄、败不馁也是我们应该学习的处世事原则与态度。

立大志、明大德、成大才、担大任
——当代大学生的历史使命

青云书院　钱佳慧

钱佳慧,上海大学文学院汉语言文学专业2021级本科生。参加各类学术科研竞赛,获得不错成绩。

2021年4月19日,习近平总书记在清华大学考察时强调:"广大青年要肩负历史使命,坚定前进信心,立大志、明大德、成大才、担大任,努力成为堪当民族复兴重任的时代新人,让青春在为祖国、为民族、为人民、为人类的不懈奋斗中绽放绚丽之花。"习近平总书记对大学生的殷切期许高度凝练了当代大学生的历史使命。

在第二个百年新征程启航之时,在这个历史的转折点上,我们作为青年学生,要不负时代重托,不负青春韶华,为建设社会主义现代化强国、实现中华民族伟大复兴贡献智慧和力量。

一、立大志,明大德

想要成大才、担大任,首先要做到立大志、明大德。因为梦想,是引领人生方向的灯塔;品德,是铸造人生高度的基石。

作为当代大学生,要爱国爱民,从党史学习中激发信仰、获得启发、汲取力量,不断坚定"四个自信",不断增强做中国人的志气、骨气、底气,树立为祖国为人民永久奋斗、赤诚奉献的坚定理想。

要锤炼品德,自觉树立和践行社会主义核心价值观,自觉用中华优秀传统文化、革命文化、社会主义先进文化培根铸魂、启智润心,加强道德修养,明辨是非曲直,增强自我定力,矢志追求更有高度、更有境界、更有品位的人生。

从中国共产党成立到进入中国特色社会主义新时代,中国共产党在挫折中拼搏奋进,带领中国人民经历了抗日战争、解放战争、新民主主义革命、新中国成立、社会主义建设和发展。从上海石库门到嘉兴南湖,一艘小小红船承载着人民的重托、民族的希望,越过急流险滩,穿过惊涛骇浪,成为领航中国从站起来、富起来到强起来的巍巍巨轮。

奋斗路上,无数革命先辈"虽千万人吾往矣"的凛然身影与铿锵呐喊让我们泪湿眼眶。他们是年轻的少年,却用稚嫩的肩膀担起了时代的脊梁;他们是母亲的孩子,却对敌人的屠刀报以轻蔑一笑;他们伤痕累累,他们坚强如钢,他们笔直地站立着,昂首挺胸,岿然不动,只是将澄澈的目光坚定地投向那终将到来的光明未来。

正是因为先辈们的大志、大德,才有我们如今的幸福生活。在新时代,我们应将先辈们的坚强意志、奋斗精神、高尚品德真正地内化于心、外化于行。

在国际关系错综复杂的当下,我们要踏踏实实学好专业知识,用习近平新时代中国特色社会主义思想武装头脑,不断增强"四个自信",坚定中国特色社会主义信念,做到志存高远、忠于祖国,同时也要积极奉献、踊跃参与志愿服务,让青春在奉献祖国中绽放光彩。

二、成大才,担大任

在立志明德的基础上,我们更要成大才、担大任,才能让个人价值在贡献国家、服务社会、追求卓越中获得实践与升华。

作为当代大学生,要勇于创新,深刻理解把握时代潮流和国家需要,敢为人先、敢于突破,以聪明才智贡献国家,以开拓进取服务社会。

要脚踏实地,埋头苦干,孜孜不倦,如饥似渴,在攀登知识高峰中追求卓越,在肩负时代重任时行胜于言,在真刀真枪的实干中成就一番事业。

汶川地震、新冠疫情、河南水灾……面对一次次大灾大难,新时代共产党员冲锋在前,带领人民共克时艰;雪域高原有"天路",浩瀚星空有"天宫",神州大地稻花飘香,炎黄子孙共赴"小康"……在党的领导下,曾经积贫积弱的中国稳步走上"站起来、富起来、强起来"的康庄大道。这离不开每一位有大志、明大德、爱党爱国、勇担重任的奉献者、逆行者。

风华青年正逢其时,激荡梦想重任在肩。"芳林新叶催陈叶,流水前波让后波。"一代人有一代人的责任,一代人有一代人的担当。伟大的时代赋予当代大学生更多的机遇和挑战,我们将以中流击水的劲头和舍我其谁的精气神,将人生梦想汇入时代洪流,在新的逐梦路上创造更加绚丽的人生。

担复兴使命,谱时代华章

青云书院　程怡然

程怡然,上海大学文学院汉语言文学专业2021级本科生。参与一间书屋和蒲公英教育社团,获优秀成员称号,军训期间获优秀学员称号。

党的二十大报告从战略全局深刻阐述了新时代坚持和发展中国特色社会主义的一系列重大理论和实践问题,科学谋划了未来一个时期党和国家事业发展的目标任务和大政方针,在党和国家历史上具有重大而深远的意义。我们应该思考个人如何能参与其中,作出怎样一番贡献。

结合本学期"当代世界经济与政治"课程学习,我深刻认识到中国共产党召开二十大的重大意义。习近平总书记提出构建人类命运共同体理念,为当今全球治理贡献了很多重要的中国智慧。"一带一路"倡议、精准扶贫、扶贫先扶智、积极参与经济全球化……面对不断蔓延的保护主义、单边主义,中国坚持历史发展的正确方向,高举和平、合作的大旗,坚定捍卫多边主义和自由贸易,推动全球治理体系朝着更加公正更加合理的方向发展。

前进的路上还会有许多我们能想到和还没想到的"陷阱"、风险,也可能会出现各种"黑天鹅""灰犀牛",因此会有许多新的伟大斗争。习近平总书记提出人类命运共同体思想和构建新型国际关系的重要理念,既是对我国70多年外交优良传统的继承发展、对党的十八大以来我国外交实践的提炼升华,也是对当今世界出现的失序、失范和一些地区出现的失控、失值提出的一种新的解决之道,为我们克服"国强必霸"的旧逻辑、超越"修昔底德陷阱"的旧思维,提供了重要的理论依据和实践遵循。

恩格斯在谈到人类社会的发展是合力作用的结果时说,"每个意志都对合力有所贡献,因而是包括在这个合力里面的"。而这个合力,正是人类共同凝聚起来的团结力量。进入21世纪以来,全球发展不平等、不平衡、不充分的矛盾难以满足人们对美好生活的期许。提升全球发展的均衡性、公平性、普惠性,是改善人类现实生存境遇的应然之举和根本之道。人类命运共同体所蕴含的"合作""共赢""普惠"思想,正是国际普遍认同的理念。

作为大学生群体的我们,能为这番宏大的事业作出什么贡献?

党的二十大报告强调"青年强,则国家强",指出"当代中国青年生逢其时,施展才干的舞台无比广阔,实现梦想的前景无比光明"。作为青年的我们,一定要立志做有理想、敢担当、能吃苦、肯奋斗的新时代好青年。

我们要坚定理想信念,坚定树立对马克思主义的信仰、对中国特色社会主义的信念。"今日中国如你所愿",无数先辈孜孜以求的理想,正在日益变为现实。今天的青年,如若浑浑噩噩,则对不起自己,更对不起培养自己的国家。我们最应该从先辈身上传承的,就是理想的力量;最应该由衷发自内心、融入新时代中国大地的,就是理想的力量。

我们要践行责任担当,肩扛"复兴使命"。前有为民族的解放奔赴延安的革命青年,为祖国安定前往朝鲜战场的热血青年,他们担起"开眼看世界"的责任与强国图存的使命;今有数百万名驻村干部、第一书记勇当排头兵,众志成城创造脱贫致富的中国奇迹。中华复兴富强与每一个中国公民息息相关,唯有新时代的青年勇于担当、敢于担当,才能实现民族复兴、国家强盛。

作为当代青年,我们理应接受这一历史使命,发扬顽强奋斗的实干精神,把党的二十大报告确定的战略部署变成现实。我们要咬定青山不放松,更加自觉地投身改革创新时代潮流,以坚忍不拔、锲而不舍的奋斗,谱写出不负时代的新篇章。

擘画美好蓝图,开启崭新征程

秋白书院 陈君键

陈君键,上海大学社会学院2022级本科生,担任社会学院团总支宣传委员、共青团上海大学委员会宣传部部长。作为学生代表参加校级、院级学代会,并参与学科项目,获得三个校级项目立项,科技节、"互联网＋"创新创业大赛等奖项。

党的二十大胜利召开,是中国人民政治生活中的大事。回想起党的十九大召开前后,西方主流媒体不约而同地推出封面重磅文章,惊叹"中国成功"。国际社会一个普遍共识是,中国发展正以积极的方式改变着世界:中国的政治和经济实力、军事和科学发展程度等,使其作为一个大国日益走向世界舞台中央,这种态势是全球舞台几十年间未曾出现过的。而如今,我们坚信由习近平总书记掌舵领航,我们建设中国式现代化国家的伟大事业必将取得更伟大的成就。

这次大会给我留下最深刻印象的有三点,分别是人民情怀、担当精神和全球视野。

一、人民情怀

习近平总书记指出:"江山就是人民,人民就是江山。中国共产党领导人民打江山、守江山,守的是人民的心。治国有常,利民为本。为民造福是立党为公、执政为民的本质要求。必须坚持在发展中保障和改善民生,鼓励共同奋斗创造美好生活,不断实现人民对美好生活的向往。"我发现,人民情怀体现在报告的所有论点中。

2017年11月,在荷兰举行的奈克萨斯思想者大会中,主持人提出:权力背后总有不安,当今这种不安是否变得越来越强烈,因为整个世界的权力都充满了不确定。西方学者普遍认为,西方自由主义传统面临着来自中国等反自由主义国家的挑战。所谓"中国专制主义"模式走强,造成西方权力的广泛不安。然而,西方权力的不安实质源于西方权力脱离人民。正如孔子所言:"水可载舟,亦可覆舟。"水就是人民,脱离人民就有被颠覆的危险。而中国共产党坚持权力为民,权力用于为人民谋福祉,所以得到人民的广泛支持。法国的 Ipsos 公司在2016年的一项民调显示:接近90%的中国受访者认为自己国家走在正确的道路上,而这个比例在美国是37%,在法国只有11%。中国道路具有强烈的民本主义特色,"民惟邦本,本固邦宁"是中国人的千年古训,政府所做的一切最终都要落实到改善人民生活的品质,包括物质和非物质的品质,唯有这样国家才能长治久安。

二、担当精神

党的二十大报告体现了中国共产党人强烈的使命感和担当精神，也体现了习近平总书记本人的使命担当。他特别提到了十年前他刚主政党中央时候作出的战略抉择，"十年前，我们面对的形势是，改革开放和社会主义现代化建设取得巨大成就，党的建设新的伟大工程取得显著成效，为我们继续前进奠定了坚实基础、创造了良好条件、提供了重要的保障，同时一系列长期积累及新出现的突出矛盾和问题亟待解决。……面对这些影响党长期执政、国家长治久安、人民幸福安康的突出矛盾和问题，党中央审时度势、果敢抉择、锐意进取、攻坚克难，团结带领全党全军全国各族人民撸起袖子加油干、风雨无阻向前行，义无反顾进行具有许多新的历史特点的伟大斗争"。

我们新一代青年也是过去十年巨变的亲历者——或多或少了解、体验过反腐败斗争的决定性胜利、彻底消除绝对贫困的历史壮举、军队改革体现出的强大战斗力、意识形态形势的根本性变化、生态文明建设带来的蓝天白云好心情，还有对人民生命安全和健康的守护、使香港由乱到治、反对"台独"的坚强决心和强大实力……在党中央的坚强领导下，我们攻克了许多长期没有解决的难题，办成了许多事关长远的大事要事，创造了世界上许多国家难以想象、难以复制的奇迹。

三、全球视野

党的二十大报告还为我们展现了极其开阔的全球视野。以中国今天的体量和分量，中国现在所做的一切几乎都具有世界意义。报告中提到的"中国式现代化"概念，引发了中外媒体的关注。BBC撰文，"习近平使用了'中国式现代化'的全新提法，把'中国式现代化'作为全面推进中华民族伟大复兴的中心任务"。我们把全面建设社会主义现代化国家在世界大格局中展开，我们的成功将使得"科学社会主义在二十一世纪的中国焕发出新的蓬勃生机，中国式现代化为人类实现现代化提供了新的选择，中国共产党和中国人民为解决人类面临的共同问题提供更多更好的中国智慧、中国方案、中国力量，为人类和平与发展崇高事业作出新的更大的贡献"。

"中国式现代化"其实可以追溯到1979年3月，邓小平会见英中文化协会会长马尔科姆·麦克唐纳时提出的"中国式的四个现代化"。在这之前，我们的口号是20世纪60年代提出的实现"四化"。邓小平用的"中国式的现代化"这个提法，对过去"四化"标准作了校正，使我们更加清醒地看到了实现现代化的艰巨性，目标变得更加务实。

在新中国成立，特别是改革开放以来长期探索和实践基础上，经过党的十八大以来在理论和实践上的创新突破，我们党成功推进和拓展了中国式现代化。因此，我们对中国式现代化的认识也经历了一个不断发展、拓展和深化的过程。

40多年前，邓小平同志首次使用"中国式的现代化"概念的时候，我们国家还处于比较弱势的地位，当今天我们再次使用"中国式现代化"这个概念的时候，中国已经走出了一条与西方国家不同的现代化道路，并形成了比较成熟的理论认知和实践自觉。正如西班牙《先锋报》的一篇评论所述：中国是过去半个世纪中的全球经济的奇迹，它从一个封闭的贫困的国家发展到世界第二大经济体，让数亿人摆脱了贫困，并通过全球化成为世界经济的主要参与者。我们难以用语言来描述中国的经济增长。经过数十年的发展，中国已确立了自己作为世界大国的地位。

中国式现代化略不同于中国特色社会主义现代化。我们讲中国特色社会主义现代化，侧重点是中国国内的现代化建设；而当我们说中国式现代化的时候，我们是国内外兼顾的、是侧重国际视角的，也是包括通过国际比较来确立我们的"四个自信"。当然，我们从不愿意把自己的模式强加于人，但愿意开诚布公把自己的一整套做法、理念、制度安排告诉外部世界，并从推进人类命运共同体的角度，与世界各国分享经验。相信中国的成功崛起，正激励越来越多的非西方国家，大胆探索并实践符合自己民情国情的现代化道路。

习近平总书记在报告最后谈道："青年强，则国家强。当代中国青年生逢其时，施展才干的舞台无比广阔，实现梦想的前景无比光明"。党的二十大令人振奋，它代表着一个已经找到自己成功之路的伟大的社会主义国家，正在自信地走向世界舞台中央。我们党的二十大不仅仅是中华民族迈向伟大复兴的重要里程碑，也是激励中国整个年轻一代勇往直前，为民族复兴、为人类幸福建功立业的集结号。我们中国人，特别是我们年轻一代当自信自强，以我们的坚决、善良与果敢，去影响整个世界和人类的未来。

志高则言洁　志大则辞弘　志远则旨永

阁约书院　周玮苟

　　周玮苟,上海大学新闻传播学院艺术与科技专业2019级本科生,中共党员。现已推免至中国传媒大学文化产业管理学院攻读硕士研究生。在校期间,曾任新闻传播学院学生会主席团成员、艺术与科技班班长,获上海市优秀毕业生、上海大学十佳卓越班长、优秀学生干部等荣誉称号和中国大学生广告艺术节学院奖2021秋季征集赛银奖、第九届中国大学生数字媒体科技作品及创意竞赛全国总决赛三等奖等奖项,多次获上海大学学业优秀奖学金和新闻传播学院大钟奖学金等。

志高则言洁　志大则辞弘　志远则旨永

党的二十大是在全党全国各族人民迈上全面建设社会主义现代化强国新征程、向第二个百年奋斗目标进军的关键时刻召开的一次十分重要的大会。党的二十大报告主题鲜明、思想深邃、举旗定向、凝聚众智，是党团结带领全国各族人民夺取中国特色社会主义新胜利的政治宣言和行动纲领。作为新闻传播学院的学子，我们更应深入学习体会党的二十大报告精神，宣传贯彻好党的二十大提出的各方面要求，做好党的宣传员和广播员，传播好党的声音与主张，让青春在全面建设社会主义现代化国家的火热实践中绽放绚丽之花。

一、志高则言洁——学思践悟，提高站位

要做好党的传声筒，首先要做到对党的思想精神学习透、理解透。要以党的二十大报告全文为学习重点，做到全面系统学、反复深入学。我认为，我们一是要全面地学习党史、新中国史、改革开放史、社会主义发展史和中华民族发展史，准确了解马克思主义在中国的发展历程，坚定信仰信念，始终坚定地走在中国特色社会主义的发展道路上。二是要紧随时代脉搏，将党的十八大、十九大以来新时代十年的伟大变革牢记于心，通过研读脱贫攻坚战、国际局势等事件及报道，深入理解党的政治立场、政治方向、政治原则、政治道路等，提高自身的思想站位。三是要扎扎实实学报告原文，牢牢把握住党的新思想新理念，将习近平新时代中国特色社会主义思想的世界观和方法论内化进传播语言体系之中，将青年视角与党的精神相结合，做好党的宣传工作。

二、志大则辞弘——不忘初心，牢记使命

党的二十大报告用一整个部分强调了推进文化自信自强的重要性。我认为对新时代青年尤为如此。我们生于经济繁荣、文化多元的年代，在这样的环境下，身为一名党员和新传学子，更应为中国的文化事业作出自己的贡献。这就需要我们时时刻刻不忘初心、牢记使命。一是要坚持中国特色社会主义文化发展道路，坚持马克思主义在意识形态领域指导地位的根本制度，坚持为人民服务、为社会主义服务，坚持百花齐放、百家争鸣，坚持创造性转化、创新性发展的思想

精神,挖掘探究中华优秀传统文化传播发展的新道路新途径。二是要强化锻炼"四力",以年轻的视角出发,以优美生动的笔触,弘扬劳动精神、奋斗精神、奉献精神、创造精神、勤俭节约精神,传承中华优秀传统文化,满足人民日益增长的精神文化需求。三是要立足中国,放眼国际。除了对内传播弘扬好伟大建党精神和社会主义核心价值观,更要讲好中国故事、传播好中国声音,让世界看到可信、可爱、可敬的中国形象,让世界了解到中华文化,更进一步推进文化自信,彰显中国的大国地位。

三、志远则旨永——脚踏实地,彰显担当

"青年强,则国家强。当代中国青年生逢其时,施展才干的舞台无比广阔,实现梦想的前景无比光明。"如今,新时代的中国为青年人提供了广大的机会和平台,等待着有志青年们大有作为。作为一名新时代中国青年,我们要做到脚踏实地,尽自己所为,实现自己的理想与梦想,立志做有理想、敢担当、能吃苦、肯奋斗的新时代好青年。

身为社会的先锋力量,我们更应肩负起自己的担当,具备有战必上的决心、以人民为中心的态度,在百年未有之大变局之下,让青春在全面建设社会主义现代化国家的火热实践中绽放绚丽之花。

志高则言洁,志大则辞弘,志远则旨永。我一定会继续学习宣传贯彻党的二十大精神,并内化到自己的学习、工作、生活中,做到生逢盛世,不负韶华!

青年生而逢盛世 敢想敢为谱新篇

闵约书院 冯 琦

冯琦,上海大学新闻传播学院2019级本科生,中共党员。现已推免至华东师范大学传播学院攻读硕士研究生。曾获国家级英语类竞赛一等奖和省级竞赛二等奖等荣誉。

一、脚踏实地,行稳致远

2022年10月16日,中国共产党第二十次全国代表大会在北京召开。在开幕式上,习近平总书记发表了有温度、有新意、有特点的报告。这是中国开启伟大复兴新征程的纲领性文件。党的二十大的召开,体现出中国脚踏实地、行稳致远的大国精神。在这个重要的时代转折点,中国将以强劲的意志和博大的精神在发展道路上前进。

党的二十大报告主题鲜明,开门见山地点明中国应当举什么旗帜、以什么精神状态、向什么目标进发——高举中国特色社会主义伟大旗帜,全面贯彻新时代中国特色社会主义思想,弘扬伟大建党精神,自信自强、守正创新,踔厉奋发、勇毅前行,为全面建设社会主义现代化国家、全面推进中华民族伟大复兴而团结奋斗。

报告内容全面,涉及治党治国、内政外交、改革开放、科教兴国、人才强国等。报告从篇幅时长而言,较以往是更短、更浓缩的,在主题上又有相似之处,谈的是往哪儿走、怎么走、谁领着走:党的十九大描绘出中国特色社会主义"两步走"的伟大蓝图,正是"往哪儿走",今天正是党的十九大之后历史的延续;"谁领着走"也在先前反复强调;那么党的二十大用意最深刻之处便在于"怎么走",这也是大会之后的议程所围绕展开之处。习近平总书记总结过去、关注未来,他评价"办成了许多事关长远的大事要事",并探索原因,这来自"六个坚持"、来源于中国式现代化——这是人口规模巨大、重视物质文明和精神文明、实现共同富裕、推动和平发展的现代化;他也提出新战略,要推动国家安全体系和能力现代化。在党的十九大报告中,"人民"这个词语被提及200多次,在党的二十大报告中,这份对人民的深情被浓缩到"人民当家做主"中,被具体化为制度保障。他提出非常实际的举措,探讨民主选举、监督,强调实现中国梦要一起想一起干。他提出高质量发展,要坚持市场经济,呼应"两个毫不动摇",体现出发展是执政兴国第一要务。在党的十九大报告中,乡村振兴只是概念,而在党的二十大报告中,这个概念也将被落实……总结而言,党的二十大的报告集中在通向两个百年目标的新思路、战略、举措,实现中华民族永续发展。

报告新意突出,第一部分便总结新时代伟大变革,对此有新的论述;对中国特色社会主义思想的总结,也与过去有所不同。这份报告饱含着鲜明的宣誓、前进的引领和深切的召唤,对中国式现代化的基本特征和本质作出深刻分析,并提出"三个务必"贯穿全篇——全党同志务必不忘初心、牢记使命,务必谦虚谨慎、艰苦奋斗,务必敢于斗争、善于斗争,坚定历史自信,增强历史主动,谱写新时代中国特色社会主义更加绚丽的华章。回望历史,在党的七届二中全会上,毛泽东曾经提出"两个务必",而如今第二个"务必",便浓缩了当年先辈们的殷切希望,新增加的两个"务必"是在新时代十年进程中总书记反复强调的,体现了在新时代、新征程上,面对更艰巨的历史任务,全党人士必当遵循的要求。本次报告提出的"十个明确、十三个方面的成就、十四个坚持"也较先前党的十九大报告中的"八个明确"有了进一步发展。

二、同频共振,乘风破浪

党的二十大精神引领着社会各领域的进步,推动教育事业的前行。党的二十大对于新时代我国取得的历史性成果有所总结:"十年来,我们经历了对党和人民事业具有重大现实意义和深远历史意义的三件大事:一是迎来中国共产党成立一百周年,二是中国特色社会主义进入新时代,三是完成脱贫攻坚、全面建成小康社会的历史任务,实现第一个百年奋斗目标。"对于新时代的伟大变革,报告从十五个方面论述,把思想引领放在第一位,战略部署放在第三位,改革开放放在后面展开。而上海大学也在 2022 年迎来"百年",与这具有伟大意义的"百年"相遇。

站在历史的高处回望,上海大学也经历了与风浪的搏击,抓住了历史的机遇,在掌舵者们的领航之下,在伟大思想的指引之中,乘风破浪。1922 年 10 月 23 日,中国共产党主导创办并实际领导的第一所高等学府——上海大学应运而生。学校以"养成建国人才,促进文化事业"为办学宗旨,李大钊、于右任、瞿秋白、邓中夏、蔡和森等贤达执鞭任教;杨尚昆、王稼祥、秦邦宪等英杰负笈来学,当时即享有"文有上大,武有黄埔""北有五四时期的北大,南有五卅时期的上大"的美誉。1983 年 5 月,经教育部批准,上海市人民政府决定复办上海大学。1994 年 5 月 27 日,上海工业大学、上海科学技术大学、上海大学和上海科技高等专科学校合并组建成新的上海大学,著名科学家、教育家钱伟长担任校长。百年来,学校始终与国家和民族发展的脉搏同频共振,积累了丰富的办学经验,沉淀了深厚的精神传统,用实际行动走出了一条求真求实、自强不息的奋斗之路。上海大学始终以教书育人为首务,在创办之初便创设刊物、宣扬马克思主义,如今作为一流大学,更延续着红色基因,培养"全面发展的卓越创新人才"。上海大学始终推动科研创新,坚持"四个面向",从"碳/碳复合材料"技术创新到海派文化研究建设,从"通用工业机器人"发明到"艺术与科技结合"优势,上海大学在多领域贡献科技创新力量。上海大学在经济社会贡献着"上大智慧",从20世纪20年代"以改造社会为职志",至新时代成为"高等学校科技成果转化和技术转移基地",五卅运动、南昌起义、秋收起义、广州起义时的豪情壮志从未消退,并且以新的方式和举措在新的时代发扬。早期的上海大学,有一批海外归来的"红色教授",今天的上海大学仍致力于融通中外构建全球合作网络。

习近平总书记强调"教育是国之大计、党之大计"。他提出办好人民满意的教育、完善科技创新体系、加快实施创新驱动发展战略、深入实施人才强国战略。这四个层面,上海大学始终在党的领导下秉持着、坚持着。上海大学的血脉与中华民族的血脉始终相连、相融,在历史与今朝之间,彼此映照。

三、自强不息,笃行不怠

在上海大学百年的红色征程中,无数的伟大先辈熠熠生辉,无数的青年人如群星般铺成了这漫漫长路。青年人的故事曾无数次感动我。由上海市委宣传部支持、上海文化广播影视集团指导、上海广播电视台纪录片中心承制的上海大学系列纪录片《红色学府——上海大学》第二篇章《入洪流》便记录了历史上上大师生投身革命洪流的伟大画面,其中一名叫何秉彝的烈士在五卅运动中牺牲,年仅23岁。在《回忆上海大学》中,阳翰笙写道:"他是四川人,勇敢、坚决、热情、用功,充满在他的生命中。"

穿越时空,习近平总书记在党的二十大报告中对青年工作提出要求,对青年人提出要求:"青年强,则国家强。当代中国青年生逢其时,施展才干的舞台无比广阔,实现梦想的前景无比光明。全党要把青年工作作为战略性工作来抓,用党的科学理论武装青年,用党的初心使命感召青年,做青年朋友的知心人、青年工作的热心人、青年群众的引路人。广大青年要坚定不移听党话、跟党走,怀抱梦想又脚踏实地,敢想敢为又善作善成,立志做有理想、敢担当、能吃苦、肯奋斗的新时代好青年,让青春在全面建设社会主义现代化国家的火热实践中绽放绚丽之花。"作为一名新传学子,我始终追寻着党的创新理论蕴意,坚定理想信念,践行"铁肩担道义,妙手著文章",通过积累专业知识、学习专业技能,记录时代、书写社会;作为一名志愿者,我在红色旧址维持秩序、引导游客……还有无数的我,还有无数的"二十岁们",他们在上海大学,他们在中国的每个地方,以赤诚之心发光发热,接受教育、锤炼本领、报答祖国,以实际行动献礼党的二十大。

在这浩瀚的百年时空中,无数青年朝气蓬勃的面孔浮现,我们听党话、跟党走,我们在共同的历史中,共享了相通的生命体验,产生了博大的国家理想,践行"请党放心、强国有我"的铮铮誓言。我们走进了崭新的时代,不同于旧时的战火纷飞、颠沛流离,和平为时代铺就了平坦的前路,日新月异的技术文明引发我们新的渴求,使我们的生活焕然一新,而不变的是那份追求理想的勇敢热忱、坚持价值的伟大存在和照亮时代的点点星火。这个崭新的时代由无数血泪铺陈,亦借前人的悲喜生发出与众不同的光辉,他们延续于此,他们荟萃于此,他们终将驱散黑暗,为我们照亮前路。

回首峥嵘岁月，奏响时代强音
——解读《论十大关系》与党的二十大精神的联系

青云书院　管懿蕾

管懿蕾，上海大学文学院汉语言文学专业2021级本科生。参加社团与志愿活动，曾担任上海大学蒲公英社宣传部部长。

2022年10月,中国共产党第二十次全国代表大会在北京人民大会堂开幕。会议为我国全面建设社会主义现代化国家及向第二个百年奋斗目标迈进的新征程制定了根本方针,从战略全局深刻阐述了新时代坚持和发展中国特色社会主义的一系列重大理论和实践问题,这与约50年前毛泽东主席发表的《论十大关系》中的一些思想不谋而合,奏响了身处两个不同年代的中共党员群体精神共鸣的时代交响乐。

《论十大关系》是毛泽东主席于1956年在中央政治局扩大会议上的讲话。当时,新中国已经建立,"三大改造"也在该年年底基本完成,社会形态正逐步由新民主主义向社会主义过渡。然而,虽然当时我国经济正稳步恢复发展,社会生产力却依旧落后,不能同先进的社会主义制度模式相匹配。中国有着庞大的人口基数,在农业、手工业上有着深厚的历史基础,但在工业、重工业上的技术研发与革新上,却远远弱于西方国家。为了充分推进新中国的经济建设,毛泽东主席深刻研究了我国的国情,并引苏联社会主义制度下的错误政策为鉴,指出20世纪50年代时存在于新中国的十大关系,针对新中国的社会主义建设作出了理论指导。

毛泽东主席认为,当时的新中国存在十大问题。为建设一个强大的社会主义国家,毛泽东主席呼吁国民应将国内外一切积极因素调动起来,以为社会主义事业服务为基本方针,团结一切势力,调动一切直接或间接的力量,积极准确地协调好十大关系,妥善处理十大问题,努力使祖国早日走上富强之路。

《论十大关系》在国家建设、国家政策等领域对20世纪50年代我国的国情及国外社会主义的发展作出了分析,并从实际出发,为我国未来的长远发展提供了脚踏实地、宏大深远的战略方针。一是在国家建设领域,为了更好地发展国家工业化,将新中国成立初期几无工业化发展的状态变为一个工业大国,我国实行了社会主义工业化的战略方针,并选择集中力量优先发展重工业。然而毛泽东主席虽然肯定中国将重工业作为重点的工业发展计划,但他也强调了手工业和农业的重要性,并以他的远见卓识,预料到如果中国只一味发展重工业,忽略作为国家基础的农业和轻工业,人民的生活就会失去保障,而中国的重工业也会受此影响不能长远发展。因而他认为应当上调农业、轻工业的投资比例,但国家建设仍以重工业为重点,如此才能凭借稳固的国家基础在建设工业强国的道路上取得优良成绩。二是由于近代我国的工业大多集中在沿海地区,为平衡我国的工业布局,新中国成立后我国大力发展内地的工业基地。毛泽东主席认可这种举措,但认为在冷战格局下,国际形势已然紧张,沿海地区丰富的工业资源与技术力量不可浪费，也应将其充分利用。三是为了加快经济建设，毛泽东主席认为应当降低对国防建设的投入，在经济水平提高后再大力发展国防。在新时代的中国，习近平总书记也在二十大报告中提出，要加强基础研究，激励自主创新。要加大对世界科技前沿和具有前瞻性、引领性的基础研究的支持力度，加快推进新技术转化为现实生产力，加强新技术产品的品牌建设和知识产权保护，为各类市场主体营造公平开放透明的竞争环境，建立有利于企业自主创新的激励机制。这些政策建立在《论十大关系》中强调的轻工业基础之上，在继续保持中国基础工业优势的同时，能够以稳健的脚步进行产业科技研发与创新，以创新发展提高中国经济建设的速度与质量。

在国家对内政策方面，毛泽东主席在《论十大关系》中主要讨论了地方和中央、国家和人民、国家和生产者个人、汉族和少数民族、党和非党、革命和反革命的关系。他认为，中央应施与地方自我发展的独立性，国家也应该给予工厂足够的自我发挥空间，如此才能够使国家的工业、地方发展活泼、富有生机。此外，毛泽东主席强调不应像苏联那样压榨人民，要时刻关注人民的生存状况并施以合适的政策调整，同时也要持续为全国各地的工厂派发资金补助。无论是工业还是农业，国家都要兼顾这两方的发展，并发挥地方的积极性，在统辖、管理好全国的各省各市后，以党为核心带领全国人民进行社会主义建设。对待少数民族时，我们汉族人民不能以多欺少，也不能歧视其他民族，要像手足同胞一样关怀他们的生活和发展，积极为他们提供援助，并团结、带领他们共同进步。与之相同，在处理我党和民主党派的关系时，我党也不应该全力打压，而是尊重民主党派的意见。毛泽东主席发现，无论其他党派如何在心中反对我党提出的政策，如若我党的政策确实合理，他们也只会赞成我们的举措。因而，民主党派可以和共产党相互监督，共同为我国的社会主义建设作出贡献。面对反革命分子，毛泽东主席给出了详细明智的镇压策略。在党的二十大召开之时，针对官员腐败等问题，习近平总书记指出，腐败是危害党的生命力和战斗力的最大毒瘤，反腐败是最彻底的自我革命。只要存在腐败问题产生的土壤和条件，反腐败斗争就一刻不能停，必须永远吹冲锋号。在习近平总书记的号召下，反腐行动已经大有成效，彰显了中国共产党关心人民、共产党人清明有正气的光明形象。

在对外政策上，毛泽东主席提出要向外国学习。无论是社会主义国家，还是资本主义国家，只要是对国家发展有益的政策，中国都要学，并将其与中国的国情相结合，从实际出发，走出一条具有中国特色的社会主义道路。我们也要从他国的失败政策中汲取经验,争取少走弯路,稳步走上富强之路。在党的二十大报告中,中国坚定不移走中国特色社会主义道路,庄严地提出了不断谱写马克思主义中国化时代化新篇章是当代中国共产党人的庄严历史责任。党清醒地认识到,担负起新时代新征程的使命任务,最根本的就是要高举中国特色社会主义伟大旗帜。党的二十大主题十分鲜明,是党和国家事业发展的总纲。大会主题所强调的"一个高举""一个弘扬""三个全面"就是党对新时代新征程上坚持和发展什么样的中国特色社会主义、怎样坚持和发展中国特色社会主义这一重大课题作出的郑重回答。沿着党的二十大指引的方向前进,继续推进实践基础上的理论创新,继续开辟马克思主义中国化时代化的新境界,就一定能够让党的创新理论放射出更加灿烂的真理光芒。同时,习近平总书记在党的二十大报告中宣示:"我们党立志于中华民族千秋伟业,致力于人类和平与发展崇高事业,责任无比重大,使命无上光荣",强调"中国共产党是为中国人民谋幸福、为中华民族谋复兴的党,也是为人类谋进步、为世界谋大同的党"。这些重要论述旗帜鲜明地阐释了中国共产党的本质属性和使命宗旨,明确了中国特色大国外交的政治立场和历史自觉,将五十年前向外国学习的外交精神发展为与外国共进退、共存亡的独立自主的和平外交精神。

《论十大关系》是一部伟大的共产主义经典著作。二战过后急需恢复经济,在所有国民看来,唯一逊色的就是我国的工业发展水平。然而毛泽东主席却并不急着将一切资金投入国家的工业建设,而是呼吁所有国民放平心态、稳定农业,且用理性对待一切反党、敌对势力,将建设社会主义当作全中国国民的长远目标,更平稳、更扎实地实现我国的共产主义。毛泽东主席不仅在文中提出了许多积极实际的政策观点,又在全文中使用了马克思主义基本原理中矛盾的对立和统一规律来分析中国该如何发展,使得文章具有哲理和思辨的理性色彩。纵观全文,虽然毛泽东主席将建设社会主义与富强国家当作毕生事业而奋斗,但他更加关心国民的生存状况,不愿看见如苏联那样快速发展国家建设而使人民受困饥饿,这种爱民如子的精神彰显了党对人民的看重,也承认了农民在新中国的重要地位。在20世纪50年代,中国还处于建设社会主义国家的初步探索之中,而《论十大关系》大胆地提出要走中国的路,不照搬他国的政策,又能从实际出发,准确分析了我国当时的经济、工业建设状况,并对现状提出了具有现实意义又目光深远的建设策略,甚至在21世纪的今天仍对中国的国家建设具有指导意义,足以让后世的读者油然而生出敬意。在50年后的现代,党的二十大报告绘就了一幅中国人民生活更加美好的壮美蓝图。在继承《论十大关系》的理论研究的同时,如果中国能够沿着党的二十大指引的方向前进,中国人民的美好生活一定会不断跃上新台阶,中国人民的前进动力必将更加强大。作为新时代的中国大学生,我们应关心时政,运用我们积累的经验与知识,为中国特色社会主义建设作出贡献,使强国梦早日实现。

党的二十大精神与马克思主义中国化
——读《〈共产党人〉发刊词》有感

青云书院　韩佳岑

韩佳岑,上海大学文学院汉语言文学专业2021级本科生,在校期间,曾工作于上海大学学生会权益部,任人文经管自管会文体部部长,参与《中国民间文学大系·故事·上海卷》音像资料录制工作,所做创新创业项目获得上海大学社区学院第三届科技节二等奖。

党的二十大报告中指出"马克思主义是我们立党立国、兴党兴国的根本指导思想",只有将马克思主义与中国国情、文化相结合,才能使其蓬勃发展。通过学习"毛泽东思想和中国特色社会主义理论体系"课程,我进一步了解了马克思主义中国化的发展与内涵,深刻理解了马克思主义中国化的重大意义。

1939年10月4日,毛泽东为即将创刊的党内刊物《共产党人》撰写发刊词。在《发刊词》中,他指出统一战线、武装斗争、党的建设是中国共产党战胜敌人的三个法宝,并围绕"我们今天要怎样建设我们的党?要怎样才能建设一个全国范围的、广大群众性的、思想上政治上组织上完全巩固的布尔什维克化的中国共产党"这一主题展开论述。该文献首次提出马克思主义党建理论中国化,是毛泽东党建思想走向成熟的重要标志,在党建理论中国化发展进程中占有极高的历史地位。

"中央很早就计划出版一个党内刊物,现在终于实现了,这个刊物定名为《共产党人》。在当前的时机中,出版这样一个刊物十分必要。"要深入解析毛泽东在发刊词中提出的基本思想,须先了解何为"当时的时机"即时代背景:1938年末,我国抗日战争进程逐渐由战略防御阶段转向战略相持阶段,日本对中国的侵略政策也随之进行了调整。一方面,日本将主力军队从正面战场调往敌后的解放区战场,作战目标直指共产党领导的八路军和新四军;另一方面,日本意图破坏抗日民族统一战线,对国民党采取政治诱降为主、军事打击为辅的态度,提出"善邻友好""共同防共""经济提携"三个原则,以此挑拨国共两党关系。与此同时,国民党成立了"反共特别委员会",相继颁布一系列反共文件,军事上多次挑起"磨擦"斗争,削弱限制共产党的力量。此外,全面抗战爆发后,中国共产党"已经走出了狭隘的圈子,变成了全国性的大党",新党员人数的迅速增加伴随着新的问题,由于这一时期发展的党员大多是下级官兵、工人农民和小资产阶级。他们的革命斗争经验与革命理论匮乏,对当时的社会状况、中国革命特征理解不够深刻,极易受到错误思想的侵扰。

"统一战线问题,武装斗争问题,党的建设问题,是我们党在中国革命中的三个基本问题。正确地理解了这三个问题及其相互关系,就等于正确地领导了全部中国革命。"统一战线和武装斗争是战胜敌人的两个基本武器,统一战线是党领导的武装斗争的统一战线,是战胜敌人、消除支配的重要的政治武器,是决定革命成与败的关键因素。党的建设是三大法宝的核心,统一战线和武装斗争是党的总路线总政策的组成部分。没有党的建设这一伟大工程,统一战线和武装斗争不可能实现。在当时中国的国情下，要领导中国革命走向胜利，推翻帝国主义、封建主义、官僚资本主义三座大山的压迫，实现国家富强、民族复兴的历史任务，建设一支能担负起历史使命的政党是必然要求。在《〈共产党人〉发刊词》中，党的历史上第一次明确地论述了要"建设一个全国范围的、广大群众性的，思想上政治上组织上完全巩固的布尔什维克化的中国共产党"。"全国范围的、广大群众性的"是党的建设中对党员数量和主体队伍性质的规定；"思想上政治上组织上完全巩固"界定了无产阶级的党性问题与合格共产党员的标准；"布尔什维克化的中国共产党"是对党的建设方向及性质的规定，也是党建的重中之重。

毛泽东在《〈共产党人〉发刊词》中关于三个法宝及其相互关系的论述，对于当前历史条件下推进党的建设新的伟大工程仍具有现实指导意义。首先，构建中国化马克思主义党建理论体系必须紧密结合党的政治路线，《〈共产党人〉发刊词》从中国共产党的实际出发，揭示了党的政治路线和党的建设之间的内在联系，阐述了两者相互影响、相互促进的辩证统一关系，即党的政治路线引领党的建设发展，而党的建设同样能够保证党的政治路线始终沿着正确方向前进。在新的历史条件下，我们党的政治路线就是为推进中国特色社会主义现代化建设的伟大事业而奋斗，构建中国化的马克思主义党建理论体系也必然要随着党和人民的伟大事业的前进而前进。其次，构建中国化马克思主义党建理论体系必须坚持理论联系实际的根本原则，始终坚持实事求是的思想路线，毛泽东在《〈共产党人〉发刊词》中指出，马克思主义中国化事业发展的轨迹之所以是"之"字路，就是对中国国情认识不足，对马克思主义必须与中国国情相结合认识不足。只有充分认识和把握我国社会发展的阶段性特征，抓住社会主义的主要矛盾，坚持在实践中检验真理和发展真理的思想路线，党才能得出正确结论、实现理论创新，带领全国各族人民建设富强、民主、文明、和谐、美丽的社会主义现代化国家。第三，以人民为中心是党的本质特征，毛泽东在《〈共产党人〉发刊词》中指出："资产阶级虽然叛变了，但是党能够紧紧地依靠着农民。党的组织不但重新发展了，而且得到了巩固。"共产党人的理论归根到底就是关于人民群众的理论，推进马克思主义党建理论中国化，须以人民群众为根本出发点，围绕人民群众的切身需求扎实推进。

伟大的思想历久弥新，在当下时代阅读《〈共产党人〉发刊词》，我们能更深刻理解毛泽东提出党的建设是一项"伟大的工程"的意义，并由此总结成功经验，从而进一步沿着正确方向一以贯之地推进党的建设新的伟大工程。习近平总书记在党的二十大报告中指出:"不断谱写马克思主义中国化时代化新篇章,是当代中国共产党人的庄严历史责任。"马克思主义中国化的理论成果指引着党和人民的伟大事业不断取得胜利,提供了凝聚党和全国各族人民的强大精神支柱,且马克思主义中国化倡导和体现了对待马克思主义的科学态度和优良学风,不断开拓着马克思主义在中国发展的新境界。新时代开辟思想的新境界,赋予思想以原创性。马克思主义必须不断开辟新境界,必须不断地作出原创性贡献,才能去引领社会的进步和发展。

百舸争流正逢时,共赴时代写新章

青云书院　林　好

林好,上海大学社会学院社会学专业2022级本科生。曾担任上海大学环保社宣讲部部长,策划过多篇推文制作和活动宣传,参与多项公益活动,累计时长已超过200小时。

穿越历史的烟云，时光定格在百年前荒凉寥落的祖国，赤心报国的青年们为我国播下了马克思主义的火种，一路走过百年峥嵘岁月。青春遇到党的二十大，作为青年的我们可以不断学习、进步，从薪火相传中的"被温暖者"变成"传承者"，再至"播火者"，赓续共产党人的红色血脉，砥砺前行，共赴时代写新章。

党的二十大报告指出，要用党的科学理论武装青年，要用党的初心使命感召青年。思想政治理论课教师曾向我们全景展现中国式现代化之路，作为后辈的我们深情致礼红枪白马赵一曼，怀念殉道载德的方志敏，铭记人民志愿军跨过鸭绿江的铁骨铮铮，瞻望焦裕禄穷极一生治理沙丘、把青春献给沙丘……人无精神则不立，国无精神则不强，"弘扬伟大建党精神"是党的二十大报告主题的重要内容，正是他们扛起重任，奋勇擎旗之姿态，道不尽对祖国的无限热爱，诉不完满腔报国赤诚。

中国因为有了共产主义才强大，中国因为有了共产主义才有了如今自由且鲜活的生命。习近平总书记在党的二十大报告中殷切寄语青年："立志做有理想、敢担当、能吃苦、肯奋斗的新时代好青年，让青春在全面建设社会主义现代化国家的火热实践中绽放绚丽之花。"今天，我们的祖国已经进入了一个新的历史时期，青年兴则国家兴，青年强则国家强，振兴中华的责任已然落到了我们的肩上，党的二十大确定的任务已经光荣地传到了我们的手中。

其实无须做轰轰烈烈的大事，将我们身边的小事切切实实地做好，这就是一种很好的爱国主义传承。进入大学后，我意识到大学生也可以参与志愿服务工作，这正是我现在力所能及的事情。从刚进上海大学时作为迎新志愿者到各类大大小小的志愿活动，我践行党的二十大精神的第一步，便是投身到志愿服务工作中去。在今后的日子里，我也将继续热衷于志愿服务工作，践行党和国家对人民的殷切关怀，积极地去帮助身边的每一个人。

厚植青年学生的爱国情怀，绝不是仅仅局限于思想政治理论课，在日常的课程学习中老师都会教育引导我们做奋斗者。令我印象最为深刻的是，在"微积分"课上老师提到了毛主席的"孩儿立志出乡关，学不成名誓不还"。这和习近平总书记在党的二十大报告中的殷切寄语无疑是相通的，这句话也成为我克服学习征程上困难的一盏明灯。它昭示着每一位青年都应有为祖国拼搏的勇气和决心，征途漫漫，唯有奋斗。作为新时代的青年人，我们应该在学习和生活中思考"精神"的意义和价值，找到属于自己的人生精神，走好自己的人生之路。

前人引路，我们亦应追随前行，尽管前方路途遥远、荆棘遍地，但作为新时代青年的我们应当贯彻党的二十大精神,通过学习不断武装思想、坚定信念、统一行动,用真正本领传承续写中国式现代化新篇章。

看今朝时代的新章已经列出,青年的答卷正在写就。年轻的医务工作者把祖国各地当作自己的家,坚定逆行;在扶贫工作中年轻的书记回乡帮助农民,努力回报家乡;北斗星青年团队孜孜不倦,在星空中坚持不懈。九州大地,雏凤初鸣而震彻神州者,中国青年也。作为中国青年,我们要以奋斗传播火种,用心感应时代脉搏,把理想信念融汇在学业与事业之中,学习党的二十大精神,永远跟党走。

哪怕对于平凡的大多数而言,"寄蜉蝣于天地,渺沧海之一粟"是一生的写照,但我们青年脚踏实地,不惆怅迷惘,如长江之初发源的力量,我们的身体或许很渺小,但我们的身体却是无穷无尽的国家之力。今天,我们站在历史高点远眺万水千山来时路,初心与使命,苦难与辉煌,多少风雨零落都深深印刻于史册。鲁迅曾言:"不必等候炬火,此后如竟没有炬火,我便是唯一的光。"吾辈青年当坚定信心决心,在新征程上踔厉奋发,笃行不怠,砥砺奋进跟党走。

恰同学少年,风华正茂,书生意气,挥斥方遒,百舸争流正逢时,共赴时代写新章,青春献礼党的二十大!

百年未有之大变局,报告精神与自我体悟的交相映射

文荟书院　谢子铖

　　谢子铖,上海大学悉尼工商学院金融专业2022级本科生,担任班长。曾获上海大学优秀班委和上海大学优秀学生荣誉称号,品学兼优奖学金特等奖。参与"沪助黔行"线上英语支教及上海国际电影节志愿者,并曾获校A级寒假社会实践。

忆往昔,中国近代史近二百年来峥嵘岁月稠;还看今朝,那个虽以一叶红船为滥觞却为救国保民起衰振弊的党,已经迎来了它的第二十次党代会。

细读党的二十大报告,静悟一组组热词所蕴藏的、一条条欲行之政令所昭示的,"沧海横流显砥柱"的磅礴之感给予我极大的触动。我深知个人相较于时代不过沧海一粟、轻若尘垒,但共青团员的身份倏地将使命感传达于我,依据校内课程里的个中经历及自身的些许实践,我执笔书写下党的二十大后我对时代与自我的一些端续。

秋去冬继,秋冬学期中,不少课程借党的二十大召开之东风向我们抛来值得深入考究的问题。大会报告的第十三部分指出:"坚持和完善'一国两制',推进祖国统一""解决台湾问题、实现祖国统一,是党矢志不渝的历史任务,是全体中华儿女的共同愿望,是实现中华民族伟大复兴的必然要求"。我在修读"现代中国的起源"这门通识课程时,老师谈到祖国统一,给我们抛出关于"大一统"的思考问题,便更令我联想到党的二十大报告中关于"一国两制""祖国统一"之论述。

现代中国在党的领导下,对地区的执掌整饬充满大一统特色。省、自治区、直辖市、特别行政区都统一接受北京中央政府的委派与监管,例如近年来,国家于香港设立国家安全公署,维护地方治安之同时,也加强了对地方不稳定因素之控制,规避邪恶势力乱港害港。国家渐趋复兴带来的不仅是实力,更是有底气与威慑,这也易对未统一的地区造成重大震慑效果,尤其是"台独分子"。8月的锁台演练之震慑,彰显国家的决心,也燃起我心中止不住的自豪。

"思想道德与法治"课上,老师发出"新时代新征程"里"新"在何处的探讨,引起满座热议;"毛泽东思想和中国特色社会主义理论体系概论"课中,老师抛出"如何理解人民至上"的问题,诸生争相发言。

关于"新"在何处的探讨,我结合大会报告中第三部分"新时代新征程中国共产党的使命任务"和第五部分"实施科教兴国战略,强化现代化建设人才支撑"加以思考。加之学生这一身份,我从"教育之新"思考了这一问题。科技是第一生产力,新时代便新在"科教兴国",新在教育的科技化、创新化。过去十年以来,校内"机器人社""无人机社"等社团从创立到迅速扩展,直至在全国赛事中崭露头角,无不彰显了国家"科教兴国"的不断深入,渐趋渊懿。

关于对"人民至上"这一报告热词的理解,我认为坚持"人民至上"是中国共产党百年奋斗取得的一条宝贵历史经验。人民群众是历史的主体,是历史的创造者。人民群众是社会物质财富的创造者;人民群众是社会精神财富的创造者;

人民群众是社会变革的决定力量。没有人民群众,任何历史的画卷都不能展开,人民群众是历史演进的"剧中人",又是历史过程的"剧作者"。我党能取得政权,达成今日民族复兴路上的种种伟大成就,靠的不就是将人民摆在首位?一如党的二十大报告所道:"扎实推进全过程人民民主"、"坚持人民至上、生命至上"。

在党的二十大精神的实践上,我想结合自身的班级职责来谈。我在班中任班长一职,曾接受悉尼工商学院组织的班团骨干培训课程,在领导与专业老师的协助下观看、学习、细悟党的二十大报告及其精神。开展班内工作时,与团支书等班委共同带领同学策划秋季学期"学习二十大 永远跟党走 奋进新征程"的团日活动,引领诸生两两一组,共分十数组,每组对党的二十大报告中的一个热词进行解读,还邀请辅导员老师与台湾省学生发表对热词的解读,呈现班团共议党的二十大的热烈之景。

稼轩曰:人不负春春自负。作为当代中国青年,吾人深感生逢其时,施展才干的舞台无比广阔,实现梦想的前景无比光明。党用百年春秋缔造了千古伟业,我辈青年当怀抱梦想又脚踏实地,敢想敢为又善作善成,让青春在全面建设社会主义现代化国家的火热实践中绽放绚丽之花!

感党的二十大之体悟 明青年之职责

青云书院 厉陈燕

厉陈燕,上海大学文学院汉语言文学专业2021级本科生。参与本科生学术论坛、学院红色专项实践、"我为上大代言"宣讲实践等活动。

2022年10月,中国共产党第二十次全国代表大会召开,其主题是高举中国特色社会主义伟大旗帜,全面贯彻新时代中国特色社会主义思想,弘扬伟大建党精神,自信自强、守正创新,踔厉奋发、勇毅前行。

我最为关注的是党的二十大报告中一些新表述,党对自身近十年来的总结更是借这些词语表达得恰如其分:从"三件大事"到"第二个答案",从"六个必须坚持"到"中心任务",都是党永不变质、永不变色、永不变味,团结人民取得历史性胜利的体现。党作为全国人民的先锋队,必有其先进性的原因与保证,而在我看来,这一保证离不开一位位无论身在基层,还是领导岗位上同志的自觉与努力。将这份自觉追溯到源头,我想到了之前一节课上,老师讲到与党相关时,偶然问到我们:你们觉得入党的初心是什么?

入党的初心,我当时想应该与其动机有关,而提到动机,我认为加入一个政党,无非是这个政党的理念与自身的理想信念相契合。中国共产党的性质是工人阶级、中国人民与中华民族的先锋队,宗旨是全心全意为人民服务,这意味着每个党员需要将自我放置于人民群众之中,在实现共产主义的道路上永远奋斗,永不停歇。这就要求每个党员要用崇高的党性去与人性中趋利避害的本能一面相斗争,我想这不是一件容易的事情,也不是一件一蹴而就的事情,而是一个持续的、终身的甚至可能会循环往复的过程,这个过程背后需要有一个强大的信念作为支撑,这个信念,就是对入党初心的坚守,是知道我为什么要入党,我入党是为了什么。否则,若将入党视作一件功利的任务,一次政治的投机,那么最后只会既不利于党组织也不利于自己,党组织的纯洁性会因此蒙尘,个人在党组织中的生活也会颇感烦琐与疲惫。

可能是从小所受教育与成长环境的原因,我一直以来对那些以天下为己任、虽九死其犹未悔的情怀高山仰止。每每在课上回顾到历史时,即使王朝更替功败垂成,但那些为了家国大义而牺牲一切、奋斗一生的仁人志士总是令我扼腕叹息,致以难以言表的敬意。我十分佩服这种心怀百姓与天下、不计个人得失的人生格局,觉得这种人无论何时都配得上"伟大"二字。又在之后近代史学习中了解到了党不易而艰辛的奋斗之路,红色岁月里的峥嵘历程,看到一代又一代的先行者们践行的民族复兴之路,同样为之动容。而我也在这里看到了薪火相传的民族精神,也在一位位党员的事迹中,感受到了何为因理想而崇高,何为平凡但伟大。

曾在高中时,我因选修历史与政治,进一步了解过党的历史与党的先进性,并对党奉行的理念感到由衷的赞叹。在其中学到的、感悟到的,也会成为我之后人生的指导,引领我继续前行。在 2021 年 6 月,张桂梅校长带领大山深处的女孩们于群峰之巅俯视沟壑、逆流而上寻找尊严的故事使高考前夕的我潸然泪下,无论过去还是现在,我们总能看到鲁迅先生笔下"民族脊梁"的身影。

回到个人层面,习近平总书记也在党的二十大报告中对青年寄予了厚望与殷殷嘱托。当前我们该询问自己的是,我们应当如何在这种精神的感染下,弘扬自身奋斗精神,勇担我们时代的使命?

时代楷模、高尚榜样们的赤子情怀,映照的是他们对信仰勇敢而赤诚的坚定。它让我们深受触动,我们要反躬自省去审视自己的人生。固然在这个价值多元而包容的社会里,每个人对奋斗的价值与使命的重量自有衡量,两者也不是评判个人是非功过的唯一指标。但总是有这些人与事在一次次地告诉我们:那些以奋斗为底色,以使命为依托,因奋斗与担当而火红热烈的生命,无论何时都配得上时代的赞美与掌声。而我们也不难发现,无论是个人的成长还是时代的进步,都与两者密不可分,都成之于知行合一的行动,成之于对自强不息、先天下之忧而忧等所付诸的实践之中。

为理想而奋斗视作人生的主旋律,并将这个理想的内涵与更为宏大的时代相连。这样,即便终其一生可能都是一个平凡人,但可以少留一些遗憾与后悔,多一些岁月蹉跎后的问心无愧,在力所能及的范围内使他人与周围的世界变得更好一点。

数字化引领新征程：
新时代的个人社会化之思

青云书院　李滢萍

　　李滢萍，上海大学文学院汉语言文学专业2021级本科生，中共预备党员。在校期间认真对待学生工作与专业学习，担任上海大学文学院学生会主席团成员、2021级汉语言文学一班学习委员，曾获上海大学优秀导生、上海大学优秀学生、社区最美志愿者荣誉称号。团队项目"拂古文创"入围上海大学2023年国家级大学生创新创业训练计划项目。

"实施科教兴国战略,强化现代化建设人才支撑"是党的二十大报告中极为重要、也是与身为大学生的我们息息相关的一条。习近平总书记在党的二十大报告中强调,必须坚持科技是第一生产力、人才是第一资源、创新是第一动力,深入实施科教兴国战略、人才强国战略、创新驱动发展战略,开辟发展新领域新赛道,不断塑造发展新动能新优势。

科技的发展与人才的培养离不开高水平的教育,一直以来,我国的教育事业都面临着发展不平衡、资源分配不平均、高素质人才和全面型人才欠缺等问题,一定程度上制约和影响着我国的现代化建设进程。但随着当代科学技术的迅猛发展和广泛应用,社会化媒体改变了传统的学习、工作、休闲、交往等内容和方式,新的传播机制带来了新的信息传播格局,也加快了教育领域的数字化,知识与文化传播的途径、密度、多样性等都被大大地拓宽,尤其经过疫情期间的实践、调整和不断优化,以学生群体为主的社会群体强烈地感受到了教育模式的改变,我们在日常的交流甚至是娱乐中都能潜移默化地进行学习,切实地看见了党的二十大报告中所指引的未来中国教育的一点影子。

根据社会学基本原理,社会化是指个人通过社会交互作用,逐渐养成独特的个性和人格,并通过社会文化的内化和角色知识的学习,从一个自然人转化成为一个能够适应一定的社会环境、参与社会生活、履行一定社会角色的社会人的过程。对个体来说,在此过程中人的个性得以健全和完善。从更宏观的角度来看,社会化不仅对个人的生存发展是至关重要的,而且对社会的生存和有效运作也是如此:个人的社会化使得社会文化得以积累和延续,社会结构得以维持和发展。

传统的教育,是围绕着家庭、学校、社会进行的,个体在个性倾向、心理特征以及行为方式等方面受到诸多因素的制约,带着明显的地域性。借助现代计算机网络技术构建起的跨民族、跨国家的网络教育体系,大大拓宽了教育的范围,信息得以自由地流动,个体能够接受不同年龄人的知识、思想,掌握现代社会的科学技术文化、基本的社会生活经验和技能,有利于全面提高自身素质,从而获得一个合格社会成员的基本条件。而党的二十大报告中对于教育数字化的坚定指向、对于建设"学习型社会"的宏伟目标的指引,势必更快地推动社会化媒体逐渐延展出教育目的和更为强大的教育功能,促成我国教育领域和科技领域的嬗变,全民暴露于社会化媒体的频率也将大大增加。

在社会化媒体高度发达和渗透的今天,作为个人社会化的重要媒介之一,社会化媒体技术的发展带来的蝴蝶效应将不仅限于教育领域，而是对个体的社会化进程以及整个社会的结构变动产生持续性的作用和更为深远的影响。

实际上我们不只看到了教育的数字化转型，在政务、医疗、交通、经济等领域，数字化正不断推动和促进着个人的社会化和社会的全面发展，让人民的生活更有品质、更有尊严、更加便捷幸福，而社会化媒体在其中同样起到了关键的作用。例如，一个自然人成长为社会人，社会实践、政治参与是其必不可少的活动。在社会化媒体时代，这种直接或间接的政治参与、频繁的社会实践显得比以往任何时候都容易许多，也因此对个人社会化产生着巨大的推动作用。

社会化媒体对个人社会化的影响还会进一步影响整个社会的文化环境。个人作为社会拼图里的一分子，其社会化的程度、趋势也将成为我国社会文化的一个缩影。西方社会学界从文化的角度入手研究个人社会化，把社会化看作是文化的延续和传递的过程，认为社会化实质就是社会文化的内化，在这一维度上，个人社会化被视为文化得以延续的手段，个人通过纵向传承延续和横向传播得以被纳入社会文化系统，在实现个人的现代化的同时完成对文化遗产的保护和对社会文化的延续。

综上所述，文化的发扬、制度的完善甚至于法制建设都将受到社会化媒体的影响，诸多领域的数字化发展必将促进"社会→媒体等社会化中介→个人社会化→社会"这样一个螺旋上升式的闭环的形成，促进个人更快更好地融入时代前进与发展的大浪潮，推动我国社会方方面面的进步与发展。

但同时，我们也应意识到新时代的发展模式所带来的挑战：在个体人格形成中愈发起到重要作用的社会化媒体上的庞杂信息势必造成社会价值的多元趋势，出现是非善恶标准模糊的情况，甚至逾越社会规则，蔑视权威和法律，逃避惩治与谴责，带来社会的不稳定。这是全社会，尤其是正处在社会化初级阶段的青年人需要分辨和警惕的。

习近平总书记在党的二十大报告中殷切寄语广大青年："当代中国青年生逢其时，施展才干的舞台无比广阔，实现梦想的前景无比光明。"只有坚定不移听党话、跟党走，坚定理想信念，筑牢精神根基，厚植爱国情怀，抓住新时代机遇，在社会化的过程中不断充实和提升自己，增强对党和国家的认同与热爱，才能让青春在全面建设社会主义现代化国家的火热实践中绽放绚丽之花。

承古之弦歌而以新唱之

秋白书院　沈桐羽

沈桐羽，上海大学法学院法学专业2022级本科生。担任上海大学校团委组织部基层团建中心副部长、2022级法学二班班长、上海大学律舟法律援助社干事。成立"纽带（TIE）"反家暴多元联动公益平台。曾带领团队获得2023年（第五届）上海社会组织公益创业大赛大学生公益创业先锋奖、2024年中国国际大学生创新大赛上海大学校内选拔赛金奖等六项荣誉。

往来成古今,江山留胜迹。中华文化宛如滔滔东去的大江,磅礴涌进,激荡起万数水花,流淌了五千多年。尧舜黄帝、王朝统一、春秋纷争、魏晋风骨、大唐神韵、大明风华。千秋万代,传承至今。

我们的中华文化在人类文明历史上是浓墨重彩的一笔,是人类文明之瑰宝。文化,是一个民族长远发展的坚挺脊柱,是最深沉的力量。而在当今,却存在一些缺乏文化自信,进而引起否定本国文化、崇洋媚外的现象。

基于现实所反映的问题,在庆祝中国共产党成立95周年大会上,提出了第四个自信——文化自信。这是对党的十八大提出的中国特色社会主义"三个自信"的创造性拓展和完善。而在2022年党的第二十次全国代表大会上,习近平总书记再次在党的二十大报告中强调:"推进文化自信自强,铸就社会主义文化新辉煌。"社会主义文化是面向现代化的发展,是面向世界的发展,更是面向未来的发展。而我们青年人正是未来中国的接班人,更是要在青春之际,打好文化之基。

在秋季学期里,有不少课程触发了我对社会主义文化的思考。例如"劳动教育理论"课上,有一个专题介绍了我国剪纸的非遗传承人。这位剪纸艺术家从小跟着奶奶学习剪纸艺术,走进剪纸故事,才会与剪纸有着如此深的情结,将自己投入在剪纸的创作上,并不断创新剪纸题材,将剪纸与戏曲创新性地结合起来。由此可见,文化其实并不是一个符号,而是一整个民族的故事。理解到表象背后的故事,我们发现,在中国这个广博的土地上,有这么多地区性的文化;了解到一方水土养一方人之中的厚重,我们才会对中国的文化产生更加深刻的情感连接。

"绝知文化要躬行。"在增强文化自信的这个问题上,仅仅是知道与了解仍是知一不知十的。

党的十八大以来,以习近平总书记为核心的党中央把文化建设提升到一个新的历史高度,以高度的文化自觉和文化自信全面推进社会主义文化发展。

因此,新时代十年,我们高品质的精神食粮更加丰富。就以春节时期的上海为例,豫园推出花灯展,受到市民游客的广泛好评。游客们可以在豫园感受传统建筑之美,在城隍庙体验道教文化之余,走上九曲桥,随着荡漾的水波,欣赏大型花灯的绮丽。而此时摩肩接踵的人群也成为春节文化有趣的一部分。人们就是在这种创新性文化发展的氛围中,被唤醒"花市灯如昼"的民族文化记忆。

社会主义文化是人民的文化,是向人民开放的文化。在坚持"二为"方向、"双百"方针之下,推出了电影《我和我的祖国》《长津湖》、电视剧《觉醒年代》《山海情》等一批叫好又叫座的"中国大片"。文化惠民工程深入实施，城乡公共文化服务体系一体建设持续推进。一大批公共图书馆、美术馆、博物馆向大众免费开放。让中国的文化，或是传统或是现代，走向人民群众，让其百花齐放、百家争鸣。而这些正是青少年了解社会主义文化的好渠道。我们就可以从自身做起，让文化不再是一个符号，而是有血有肉的、广大人民的历史。

文化自信自强，是理解、实践、体会社会主义文化后的由心出发。我们的中国梦不仅是物质雄厚之梦、精神强大之梦，也是文化兴盛之梦。古之弦歌，应该在当今以新唱之。

在党的二十大报告中，关于文化自信的论述具有强烈的现实基础与时代意义，融合了民族性与时代性的动力源泉，将中华文明与"中国梦"相结合，不仅引领我们自信张扬地继续传承中华民族优秀传统文化，而且更加需要我们继续传承这种文化自信的精神风貌。文化兴，则民族兴。

在青春的双眼中

青云书院　马心洁

马心洁,上海大学文学院中文系汉语国际教育专业2021级本科生。曾任上海大学青年志愿者协会企划部副部长、上海大学相声协会副社长、班级宣传委员等。2023年参加第十一届暖三川暑期爱心支教活动。

在上一学期所开展的关于"毛泽东思想和中国特色社会主义理论体系概论(2)"的课程学习中,我了解了党的创新理论与行动。在阅读习近平总书记在中国共产党第二十次全国代表大会上作的报告的过程中,我有着无数的感受想要抒发。尤其是在"过去五年的工作和新时代十年的伟大变革"这一章节中,我的感受更为深刻。

首先是关于脱贫攻坚战。过去的五年,正好是我处于青春期的时候,年轻的双眼对于这个世界充满了探索的欲望。我看到了我们党为全力推进全面建成小康社会、集中力量实施脱贫攻坚战作出的巨大努力。"时代的一粒灰,落在个人头上,就是一座山。"从另一角度来解读这句话,那便是我对我党脱贫攻坚战取得胜利的真实感受。我的家乡是河南省洛阳市的一个小村庄,自小我便时常能看到一些无家可归的可怜人露宿在街头、在田野边;村中仍有许多人家自我年幼时便住在山脚下自家修葺的农户中;村中的道路常常凸凹不平、碎石满地,甚至我和弟弟还在夜间没有路灯的碎石坡上摔倒过数次。但近些年来,我发现我们村里的生活有了许多改善:村落里的大部分村民都已搬至附近的安置小区,住进了窗明几净的新家;在路边做生意的店家也都被政府安排至小区楼下或附近的商铺重振旗鼓,不仅使得店铺的卫生环境有了保障,也使得居民们的生活环境得到改善,生活质量得到提高。

除了居住环境发生改变之外,家中的农田也产生了改变:小时候爷爷奶奶不论寒冬酷暑,仍需要每天下地干活,但随着数项优民惠民措施的落实,许多贫困的农人也能够逐渐负担起自动化作业工具的价格,从而不至于在每日繁重的劳动中落下病根。对于落后的乡村小镇而言,正是由于党对于民众的关心与爱护,才使得我们的生活更加便捷、美好。

我深深记得,在两年前的某天傍晚,听到新闻联播主持人讲出"我国脱贫攻坚战取得了全面胜利"的那一刻,我的内心是多么的激动与震撼。

此外,还有关于生态文明建设、维护国家安全、特色大国外交的内容。通过青春的双眼,我也看到了我们党为大力推进生态文明建设所作出的努力。在我父母工作的地方——青海省,我看到在过去几年中、在这70万平方公里的土地上,逐渐建立起一个又一个自然保护区,保护着这方净土的纯洁,也保护着在其中肆意的野生动物们。我还看到在青海湖边围起的栅栏,不再允许私人非法闯入其中,不再允许当地牧民在广阔的湖岸边肆意收取费用。旅游业的繁荣为青海省带来收入,又使得青海省能够以更多的精力与费用投入到生态环境的保护中去。

　　通过青春的双眼,我还看到了我们党为坚决维护国家安全、防范化解重大风险、保持社会大局稳定所作出的贡献:难以忘记在中印边界产生冲突时,铁血军人守卫我国领土寸土不让的坚定决心;也看到了我国在全方位开展中国特色大国外交以来,卡塔尔、乌兹别克斯坦、伊朗等"一带一路"沿线国家也相继开放或保持对中国公民入境的免签政策,友好的交往为民众的境外旅游提供了便捷。

　　正如习近平总书记在报告中所提到的:"五年来,我们党团结带领人民,攻克了许多长期没有解决的难题,办成了许多事关长远的大事要事,推动党和国家事业取得举世瞩目的重大成就。"

　　在阅读党的二十大报告后,我更加深刻地认识到,正是在中国共产党的正确带领下,我们的生活才会以这样便捷而美好的方式不断前进。我也坚定地相信,我党必将带领着全国各族人民,在历史与时代的风浪中,不断披荆斩棘、勇毅前行。

传承党的二十大精神 树立崇高理想

尚理书院 郭家豪

郭家豪,上海大学计算机工程与科学学院计算机科学与技术专业2022级本科生。担任计算机学院学生会外联部部长、字节跳动校园大使主席、理工一类16班班长、计算机学院团委会干事。曾以志愿者组长身份参加ICPC亚洲区决赛志愿活动和"我为上大代言"等活动,并获得相应荣誉称号。

中国共产党第二十次全国代表大会是在全党全国各族人民迈上全面建设社会主义现代化国家新征程、向第二个百年奋斗目标进军的关键时刻召开的一次十分重要的大会。党的二十大的主题内涵丰富，意蕴深邃，字字如金，至真至重。概括地说，就是"一个高举""三个全面"，即高举中国特色社会主义伟大旗帜，全面贯彻习近平新时代中国特色社会主义思想，全面建设社会主义现代化国家，全面推进中华民族伟大复兴。坚持和发展中国特色社会主义是当今时代的最强音和主旋律。党的二十大报告把坚持和发展中国特色社会主义确立为鲜明主题和逻辑主线，不仅高度契合了时代的最强音和主旋律，也深刻揭示了党的二十大的精髓要义和核心精神。党的二十大把坚持和发展中国特色社会主义确立为大会的主题，既体现了我们党在坚持和发展中国特色社会主义伟大进程中理论和实践创新的一脉相承，也体现了在新时代的与时俱进，同时也表明我们党对中国特色社会主义建设规律的认识达到了新高度，实现了新跃升。

党的二十大是在中国共产党率领中国人民经过百年奋斗，使中华民族迎来了从站起来、富起来到强起来的伟大飞跃，为全面建设社会主义现代化国家、全面推进中华民族伟大复兴而团结奋斗的关键历史时期召开的一次统一思想、凝心聚力的重要会议。习近平总书记指出：时代呼唤着我们，人民期待着我们，唯有矢志不渝、笃行不怠方能不负时代、不负人民，必须牢记坚持党的全面领导是发展中国特色社会主义的必由之路，团结奋斗是中国人民创造历史伟业的必由之路，贯彻新发展理念是新时代我国发奋强大的必由之路，这是我们在长期实践中得知的极其重要的规律性认识，必须更加珍惜，始终坚持咬定青山不放松的那一股劲，引领和保障中国特色社会主义巍巍巨轮，乘风破浪，行稳致远。

中国共产党自1921年成立以来，始终把"为中国人民谋幸福，为中华民族谋复兴"作为自己的初心使命，始终坚持共产主义理想和社会主义信念，团结带领全国各族人民为争取民族独立、人民解放和实现国家富强、人民幸福而不懈奋斗，已经走过百年光景。一百多年来，党带领人民浴血奋战，百折不挠，创造了新民主主义革命的伟大成就；自力更生，发奋图强，创造了社会主义革命和建设的伟大成就；解放思想，锐意进取，创造了改革开放和社会主义现代化建设的伟大成就。党和人民百年奋斗，书写了中华民族几千年历史上最恢宏的史诗。

在庆祝中国共产主义青年团成立一百周年全国大会上，习近平总书记对当代青年寄予了殷切的希望，要求新时代的广大共青团员"做敢于斗争，善于斗争的模范，带头迎难而上，攻坚克难，做到不信邪，不怕鬼，骨头硬"。当前世界正经历百年未有之大变局,我国处于实现中华民族伟大复兴中国梦的关键时期,前行的道路必将肩负重任。我们要坚定信念,以积极的姿态、饱满的热情和昂扬的斗志努力拼搏,踏实苦干,做有志青年。我们如今处在历史的风口浪尖,要坚持历史思维和辩证思维,对社会有清晰的认识,对前行的道路、人生的目标有清晰的规划,以高度的使命感和责任感担当时代责任,以知识来填充自己的见识和眼界,强化内在心力和外在能力。我们新一代青年要勇挑重担,接过发展的接力棒,为中华人民谋幸福,为中华民族谋复兴,彰显青年的生机和风采。我们这一代要做有为青年,用脚步丈量祖国大地,用眼睛发现中国精神,用耳朵倾听人民呼声,用内心感应时代脉搏,正确认识个人价值和国家需要,以实现中华民族伟大复兴为己任,将自己的理想追求和青春奋斗融入党和人民事业,必将大有可为,也必将大有所为。

担当时代责任。我们青年人要自觉肩负时代赋予的光荣使命,用青春铺路,让理想延伸至天穹。在新时代,我们有志青年要把握机遇,努力学习,不负韶华,叙述青春故事,讲述华丽风采。我们青年的心跳与祖国的繁荣同频共振,要为国家的富强、民族的振兴增添一份力量。"星星之火,可以燎原。"我们要相信未来,更要相信自己。

树立远大理想。我们新一代青年人理想远大,信念坚定,这是一个国家、一个民族无坚不摧的前进动力。我们青年志存高远,定能激发奋进的潜力,我们的青春岁月就不会像无舵之舟一样漂泊不定。我们青年一定要坚定理想信念,不断地在生活学习中提升自己的精神境界、提升自我的价值。

勇于砥砺奋斗。做新时代的有为青年,要身觉厚植其根,我国正处于实现中华民族伟大复兴中国梦的关键时期,前行的道路必将充满坎坷与艰辛,这就需要我们广大青年肩负起历史的重担,乘风破浪,在历史的考验中有所作为。一代人有一代人的长征,一代人有一代人的使命,我们新青年必将肩负重任。我们新青年要树立正确的人生观和价值观,胸怀世界和未来,树立崇高的理想与志向,向着自己的目标努力奋斗,为共建人类命运共同体这一伟大愿景贡献出一份份青春力量。

青年强则国家强,青年兴则民族兴。我们新一代青年身处新时代,深受时代的洗礼,始终保持着锐意进取的精神面貌,勇于担当,艰苦奋斗,百折不挠,用行动诠释了为国为民的纯朴情怀。富有朝气、富有梦想的青年是国家和民族的希望。作为当代青年,我们要充分认清时代责任和义务,主动将奋斗目标与国家发展民族命运结合起来,刻苦学习,不懈奋斗。到国家最需要的地方去,不断开拓民族复兴之路,无论过去、现在,还是未来,中国青年始终是实现中华民族伟大复兴的先锋力量。我们新一代青年定会不负重任,不辱使命,用青春之我奋斗拼搏,为实现民族大我拼搏奋斗。

就正处于新时代的新青年而言,我们面临着世界局势复杂多变的情况,我们或许有伤感,或许有遗憾,也或许还有迷茫,但青春的活力与斗志永远不会褪去。对新时代的青年来说,艰苦奋斗依然是我们的本色,我们中国青年始终是实现中华民族伟大复兴的先锋力量。党的二十大报告让广大青年明白:奋斗正当时,我们新青年需要坚定不移地跟着党的步伐,以青春之我,让青春之花在实现中华民族伟大复兴的新征程上绚丽绽放,立志做有理想、敢担当、能吃苦、肯奋斗的新时代好青年。我们可以先从身边的小事做起,如做志愿者,参与社会服务、社会实践活动。我们坚信,只要每个人都有所作为,祖国一定会更加强大。我们新青年是国家的未来,也是世界的未来,我们新青年要自觉担负起时代的重任,努力奋斗,实现自我价值。

在当今这个时代,我们新青年一定要不信谣、不传谣,相信我们的祖国,相信党的领导,我们需要去总结党的百年奋斗重大成就和历史经验,这是开启全面建设社会主义现代化国家新征程,在新时代坚持和发展中国特色社会主义的需要;是增强政治意识、大局意识、核心意识,坚定道路自信、理论自信、制度自信、文化自信,做到坚决维护党中央权威和集中统一领导,确保全党步调一致向前的需要;是推进党的自我革命,提高全党斗争本领和应对风险挑战能力,永葆党的生机活力,团结带领全国各族人民,为实现中华民族伟大复兴的中国梦而继续奋斗的需要。全党要坚持唯物史观和正确党史观,从党的百年奋斗中看清楚我们为什么能够成功,弄明白未来我们怎样才能继续成功,从而更加坚定、更加自觉地践行初心使命,在新时代更好地坚持和发展中国特色社会主义。坚持以习近平新时代中国特色社会主义思想武装头脑,指导实践;要以自我革命引领社会革命,永葆"赶考"的清醒和坚定;在"四大考验"中锻造革命意志,提升政治定力,以伟大建党精神战胜"四大危险";永远同人民群众共呼吸,共命运,心连心;永葆党的先进性、纯洁性、人民性。让党的二十大战略举措和要求,变成我们立足岗位创伟业、担当使命开新元的伟大实践,谱写出现代化强国的发展新篇章。

青春一代是民族的希望、国家的未来,我们新一代青年自当肩负起民族复兴的历史使命,以敢叫日月换新天的豪迈、初生牛犊不怕虎的气势,迎接新时代的伟大斗争,创造新时代的伟大功勋,不断夺取新的更大胜利。

青春正当二十大,星光不负赶路人

文荟书院　於韵鸣

　　於韵鸣,上海大学悉尼工商学院信息管理与信息系统专业2022级本科生。担任团支部书记,上海大学嘉定校区心理协会社长。曾获上海大学2022—2023学年优秀学生及品学兼优一等奖学金、2023—2024学年优秀班委等。

2022年10月16日上午10时，中国共产党第二十次全国代表大会在北京人民大会堂开幕。习近平总书记指出："青年一代有理想、有担当，国家就有前途，民族就有希望，实现中华民族伟大复兴就有源源不断的强大力量。"诚如习近平总书记所言，青年是国家的先进分子，是积极、进步的政治力量，应以党的旗帜为旗帜、党的意志为意志、党的方向为方向，维护党的团结、铁的纪律，具有奉献精神，作好新一代接班人的准备。

党的二十大精神不是一个空泛的口号，它始终贯彻在我们大学生的学习生活中，成为照亮我们前行之路的灯塔。本学期，我选修了马克思主义学院余老师的"毛泽东思想和中国特色社会主义理论体系概论（2）"这门课程。在课堂上，每个小组通过讲述家乡故事的方式来探讨党的二十大内容。在同学们将一个又一个动人瞬间娓娓道来的展示过程中，在老师和同学们热情的互动提问中，党的二十大精神也悄然无声地浸润了课堂，滋养着我们的心灵。时代总是把历史责任赋予青年。新时代的中国青年，生逢其时、重任在肩，施展才干的舞台无比广阔，实现梦想的前景无比光明。

2022年，是党的二十大召开之年，是中国共产主义青年团成立100周年，是冬奥盛会在京举办之年，是中国空间站建成之年，也是中国踏上全面建设社会主义现代化国家新征程、向第二个百年奋斗目标进军的关键一年。身为共青团员的我们，有机会见证这辉煌的历史时刻，我们感到幸运和自豪，我们更应该利用这个机会进一步学习党的理论，铭记党恩，筑牢理想信念的笃实基石。

在党的二十大报告中，习近平总书记对青年和青年工作，专门有一段重要的阐述。这段论述文字精炼，但内涵丰富、寓意深刻。论述实际上涵盖了青年与时代的关系、青年思想引领的主要任务和内容、青年工作的地位、青年工作的方法论、对新时代青年的殷切期盼等重大问题。习近平总书记提出"全党要把青年工作作为战略性工作来抓"。在之前的庆祝中国共产主义青年团成立100周年大会上的讲话中，总书记也专门提道："过去、现在、将来青年工作都是党的工作中一项战略性工作。"这证明了青年对于一个国家、对于一个民族的重要意义，也将时代的重担沉沉地压在了我们青年的肩头。

事实上，中国共产主义青年团是中国共产党的助手和后备军，是整个社会力量中最富朝气、最能创新、最善开拓的群体，是推动社会前进的最重要的力量。作为团支部书记，党的二十大精神对于我的学习和工作具有极其重大的指导意义。

首先,建设好团支部,必须加强支部成员的思想建设。党的二十大报告指出,青年思想引领是所有青年工作的出发点和落脚点,更是青年工作的重中之重。为了更加坚定地团结在党的周围,确保青年群众思想不滑坡,要经常组织团员青年和学生学习党和团的路线、方针、政策,不断提高支部团员青年的政治思想觉悟;紧密团结团员青年,定期与团员青年谈心,注意掌握团员青年的最新情况、思想动态,发现问题应立即想办法解决或及时上报。还要多开展丰富、有意义的团日活动,增强支部团员青年之间的团结意识和互帮互助意识。做好青年大学生的思想教育工作,使青年学生努力学习、提高思想素质,热爱自己的国家、关心国家大事,为国家繁荣富强而努力奋斗。

其次,要积极配合所在学校院系开展工作。习近平总书记在党的二十大报告中指出,要"用党的科学理论武装青年,用党的初心使命感召青年"。要让同学们切实感受到党的感召力和各级团支部的凝聚力,通过定期组织安排支部民主生活会和开展团内主题活动等,讲好每一节团课,使团员青年们在思想上认识到各项活动的必要性,充分发挥团员青年在工作学习中的先锋模范作用,积极参加志愿服务等活动。

最后,打铁还需自身硬,要做好团支书一职,必须提高个人素质。"路曼曼其修远兮,吾将上下而求索。"第一,我要不忘初心,始终牢记自己做一名团支书为团员青年服务的责任。第二,我要做好一名团支书,要"能读书,会看报;办得了活动,写得出材料",关注从团中央到地方团委的微信公众号,及时了解党的最新方针任务和共青团工作要点。第三,遇到问题的时候,要多向其他支部的团支书虚心请教,与学院团委保持密切联系,及时反映团员青年的意见,促进团的工作。

习近平总书记说,广大青年要坚定不移听党话、跟党走,怀抱梦想又脚踏实地,敢想敢为又善作善成,立志做有理想、敢担当、能吃苦、肯奋斗的新时代好青年。青年强,则国强,青年智,则国智。在实现中华民族伟大复兴的道路上,青年是整个社会力量的源泉,是国家之希望、民族之未来。作为青年学生,我们更应该学习党的二十大精神,高扬理想信念的旗帜,以最饱满的精神状态踏上党的二十大的新征程,投身于社会主义事业的建设,传播青年大学生的青春能量,为建成社会主义现代化强国、实现中华民族伟大复兴的事业而不懈奋斗。

砥砺奋进新时代,扬帆起航续征程

自强书院　丁研博

丁研博,上海大学机电工程与自动化学院电气工程专业2021级本科生,中共预备党员。先后获得首届上海大学本科生年度人物、上海大学第五届本科生学术论坛二等奖、睿抗机器人开发者大赛全国二等奖等奖项。担任团组织学习委员、乐创社团团支部书记,曾任学院学生会体育部成员,参与组织多项赛事,获上海市阳光体育联赛一等奖。参与各类志愿活动,累计百余小时。参与团中央发起的大学生"返家乡"实践活动,曾在吉林省桦甸市八道河子镇政府担任兼职团工委书记。

自党的十九大以来,我们国家经历了极不寻常、极不平凡的五年。但是在党中央坚定的领导下,在国内外局势复杂多变的情况下,我国成功实现了脱贫攻坚,创造了人类脱贫史上的伟大创举。2022年,又恰逢建党百年,党的二十大胜利召开。百年大党,风华正茂。我们满怀理想信念,充满干劲的中国青年们也红心向党,与时俱进。

　　作为一名理工科类的学子,党的二十大报告中让我印象最深刻的就是关于科教兴国战略和强化现代化建设人才支撑的内容。在这个信息和科技飞速发展的时代,一场关于科技的没有硝烟的战争正愈演愈烈,谁能更快地抢占科技的制高点,就极有可能影响接下来世界发展的格局,而科技进步背后更需要深厚的人才积累。近年来,国家不断推出各种引入高层次人才计划,使得我国在相关领域的技术研究不断取得进步。但是,我们作为新一代青年,要深刻认识到,在一些关键的"卡脖子"技术方面,中国仍与某些发达国家存在着一定差距,我们仍需像海绵吸水一样不断吸收知识,为以后的成才、为国家的发展添砖加瓦,作出自己的贡献。

　　此外,作为一名青年学生,我也时刻关注国际大事。随着中国经济的不断发展,外国的反对势力也时时刻刻对我们虎视眈眈。在如今复杂的国际形势下,如果我们不能够树立牢固的思想意识,坚定地高举马克思主义伟大旗帜,坚定不移地走中国特色社会主义道路,我们必将在历史的洪流中被无情地抛弃。在弘扬优秀传统文化方面,习近平总书记经常使用中国传统文化中的各种典故。在主持十八届中央政治局集体学习时,习近平总书记强调,要提高国家文化软实力,传播中国的价值理念,向世界展示中华文化的独特魅力,把中国优秀的传统文化与当代中国梦的复兴紧密联合起来。试想,当你和一个外国人交谈时,如果你和他谈的只是外国品牌,他的眼中定然充满了对你的不屑,但如果你谈的是故宫长城,他一定对你充满了敬佩。因为故宫和长城代表了中华民族优秀的传统文化,是中华优秀传统文化的结晶,是当今世界上任何其他民族都不具备的独一无二的特质。

　　在反腐倡廉方面,自党的十八大以来,在以习近平同志为核心的党中央坚强领导下,多次提出要守住艰苦奋斗的底色,坚决抵制奢靡之风对我们的侵袭,反腐败斗争高压态势持续。正如习近平总书记曾说过的那样,我们找出了跳出历史兴衰周期律的第二条路径,那就是自我革命。我们完全有理由相信,一个敢于自我革命、勇于自我革命、坚定自我革命的中国共产党必将以更加饱满的精神斗志,更加昂扬的精神面貌走向下一个百年。

  一百年初心不改,一百年砥砺前行;一百年沐风栉雨,一百年灿烂辉煌。在中国走向社会主义现代化这条伟大征程上,中国共产党人始终把人民放在中心,从让人民吃饱穿暖奔向小康,到习近平新时代中国特色社会主义理论脱贫攻坚,向着共同富裕迈进,向着社会主义现代化坚定前行。随着中国共产党第二十次全国代表大会的胜利召开和闭幕,我们更有理由坚定地相信一个紧紧依靠人民,高举中国特色社会主义伟大旗帜,为全面建设社会主义现代化国家、为全面推进中华民族伟大复兴而不断奋斗的中国共产党,一定会带领中国人民走向更加美好的明天!

手传党音，语入民心

青云书院　张昕瑜

张昕瑜，上海大学文学院汉语言文学专业2021级本科生，中共预备党员。现任文学院2021级团总支书记、汉语言文学一班团支书。曾加入上海大学本科生理论宣讲团、上海大学第三期青年讲师团，获第五届上海市高校学生理论宣讲微课程比赛二等奖。担任国家级、市级两项创新创业项目负责人，曾获上海大学第六届本科生学术论坛三等奖、2023年国家级"三下乡"社会实践优秀品牌项目、"知行杯"上海市大学生社会实践大赛三等奖、第九届"互联网+"中国国际大学生创新创业大赛校内选拔赛金奖及上海赛区铜奖等。

"社会保障体系是人民生活的安全网和社会运行的稳定器。完善残疾人社会保障制度和关爱服务体系,促进残疾人事业全面发展。"这是习近平总书记在党的二十大报告中提出的与"增进民生福祉,提高人民生活品质"相关的重要指示。当我读到党的二十大报告中的这部分内容时,动容、激动之情油然而生,在这段话的背后,我仿佛看到了未来努力的方向以及为之不断奋斗的道路。

我们的社会中有这样一个群体,世界对于他们来说是无声的,而手语是他们了解世界、走进人群、对话他人的唯一方式。都说世界上没有真正的感同身受,那个无声的世界究竟怎样,我们无从得知。但在那个世界里,无助一定是它的主基调。那个世界与我们的世界之间隔着厚厚的一堵墙,能冲破这堵墙的是那传递爱心的双手,而能抚慰心灵、播下温暖的是那双手书写的手语。

如果说每个听障者都是一朵花,那么它就要开放,不论是否绚丽、是否灿烂,它都有绽放属于它们生命之花的权利。而我的全程导师——倪兰老师,多年来用着满腔的情、真挚的爱不断推进手语教学的研究与传播。从一位老师到几名学生再到一支青年团队,从一本手语教材到一门课程再到一个基地,倪兰老师和团队脚踏实地地谱写着一曲曲对听障群体实现全面帮扶的动人之歌。他们不仅通过手语穿透那堵厚厚的墙,更是用手语将党的声音传递到听障群体心中。

在建党百年之际,倪老师组织了听障群体前往中共一大会址参观,在那里她用手语向他们讲述了中国共产党百年奋斗的艰辛历程,听障者"听"到这些故事后振奋之情溢于言表。上海大学手语团队与上海历史博物馆合作,逐步推出手语导览服务,帮助听障者走进博物馆并更好地获取公共服务,让优质文化资源以更易于理解的形式传达给更多观众。倪老师还带领着这支青年队伍率先在全国高校开展"手语讲党史",拍摄制作《红色之旅——"四史"故事手语版》,激发听障者内心深处的爱国主义与家国情怀,用实际行动将党的声音精准传达到听障群体。

他们用一腔热忱为这些花儿播撒了雨露阳光,使之自信而勇敢地凌空怒放,听障群体的世界开始填满色彩。当他们遇到困难、需要帮助时,当他们心中烦闷、需要倾诉时,当他们取得成绩、找人分享时,团队的青年人都是他们的首选。这双向奔赴的爱,让这些花儿色彩艳丽、姿态万千、芳香四溢,那份别样的美,难能可贵。

而这些花儿的绽放也使美丽的上大校园,平添了盎然生机。2022年是上海大学建校100周年,我漫步于溯园。曾记否,百年前,上大青年不怕牺牲、英勇奋斗,于五卅运动时冲锋在前、向死而生。一代人有一代人的青春,一代人有一代人的使命。21世纪的我们,理应扛起新时代赋予的责任与使命,以我所学回馈社会,以我之力展现青年力量。这绝不是喊喊口号,而应脚踏实地地践行。

党的二十大之后,我们已然有了新的奋斗方向。社会给予听障者的不仅仅是简单的"生存",他们开始追求美好"生活"。从完善听障者终身教育体系,到为电影配有手语字幕,再到成为一名志愿者为听障者就医提供便利……这一切的一切都需要拥有手语技能的我们承担起责任。

"青年强,则国家强。当代中国青年生逢其时,施展才干的舞台无比广阔,实现梦想的前景无比光明。"在如今信息无障碍社会的发展过程中,我们青年人为听障者服务的空间很大,追求听障者生活的高质量发展、建立无障碍者的社会关爱体系都是我们新一代青年人将要为之奋斗的方向与目标。

新的征程已然开启,我将继续与导师及上大青年一道,坚持以手语传党音、宣党情、入民心,赤诚报国,青春向党,不负人民。

附　　录

1. 关于举办"生音"学生征文活动的通知

各位同学：

　　习近平总书记在党的二十大报告中勉励广大青年"要坚定不移听党话、跟党走，怀抱梦想又脚踏实地，敢想敢为又善作善成，立志做有理想、敢担当、能吃苦、肯奋斗的新时代好青年，让青春在全面建设社会主义现代化国家的火热实践中绽放绚丽之花。"谆谆话语，殷殷嘱托，这是时代和人民的呼唤。上海大学作为一所以城市命名的学校，当以自强不息的毅力与胆识，以"先天下之忧而忧，后天下之乐而乐"的家国情怀，助力国家繁荣发展。而我们，则是延续上大精神的上大新青年，我们承接着上一代志士唱响的时代赞歌，下启着这一代未来的时代华章。我们站在时代的浪尖，因此时代需要听到我们锐意进取的青春之声。为积极响应当代社会的时代需求，深入学习贯彻党的二十大报告及二十大精神，上海大学教务部、上海大学学生工作办公室联合我校十二个书院面向全体本科生开展"生音：读报告 融课程 跟党走"征文活动。

活　动　一

　　01 活动主题：声声入心——诵二十大报告，唱响时代赞歌

　　02 活动对象：12 个书院全体本科生

03 活动时间：2022年12月26日—2023年2月12日

04 活动要求：

请挑选二十大报告原文中最感兴趣、最喜欢、最有感悟的片段进行朗读，视频时长不超过3分钟，可添加背景音乐。

05 投稿方式：

请将朗读视频和个人简介文档（扫描文末二维码，关注活动公众号，领取个人简介文档模板）放至同一文件夹并压缩，压缩包以"书院名＋学号＋姓名＋年级＋学院＋手机号"的方式命名。请在主题处写明"学院＋生音朗诵"。

活 动 二

01 活动主题：同写新篇——书二十大体悟，续写时代华章

02 活动对象：12个书院全体本科生

03 活动时间：2022年12月26日—2023年2月12日

04 活动要求：

征文应不少于1000字，请大家围绕学校课程学习，结合课程中所涉及的二十大内容和体现的二十大精神，谈谈自己对两者的感悟、具体实践和影响等。

题目自拟，主题明确，观点正确，言之有物，真情实感。

征文应为原创作品，不得出现抄袭现象。

05 投稿方式：

请将征文文档（扫描文末二维码，关注活动公众号，领取征文文档模板）以"书院名＋学号＋姓名＋年级＋学院＋手机号"的方式命名。请在主题处写明"学院＋生音征文"。

活 动 三

01 活动主题：薪火不灭——传二十大精神，共赴时代山海

02 活动时间：2023年2月12日—4月12日

03 活动对象：征文、朗读视频入选的参与者

04 活动内容介绍：选取优秀朗读视频或征文若干，将其编辑成《生音》一书，并将此书籍赠送给入选者们。此外，在学习同学们征文的基础上，鼓励参与者将书籍赠送给一位朋友（不限地区、学校、年龄等），让二十大精神的火炬传递给身边更多的人。

主办：上海大学教务部、学生工作办公室、各书院

承办：教育部课程思政教学研究示范中心（上海大学）

2. 上海大学举办"生音：读报告 融课程 跟党走"学生征文活动表彰会

为全面贯彻习近平新时代中国特色社会主义思想，深入学习宣传贯彻党的二十大精神，用党的创新理论武装青年，用党的初心使命感召青年，引领青年投身全面建设社会主义现代化国家的火热实践，上海大学教务部、学生工作办公室联合学校十二个书院组织开展了"生音：读报告、融课程、跟党走"学生征文活动。本次征文得到青年学生热情参与。经教育部课程思政教学研究示范中心（上海大学）特约研究员孙会岩，青年教师赵静、杨阳、徐苗等认真评审，获奖名单出炉。2023年7月5日，颁奖仪式在宝山校区东区马克思主义学院二楼会议室举行。

上海大学党委常委、副校长聂清，教务部副部长、教发中心主任辛明军，学工办主任孟祥栋，马克思主义学院党委书记王国建、主持工作副院长叶海涛、副院长焦成焕等出席颁奖仪式。

教育部课程思政教学研究示范中心（上海大学）负责人、上海大学教务部副部长顾晓英主持仪式。顾老师对"生音"征文活动作了简要介绍：本次活动旨在积极引导青年学生深入学习党的二十大报告，领悟党的二十大精神，努力实现理论与实践相结合，探索把课堂中文件里的党的创新理论学习落地结合到同学们

的日常学习和生活中,最后将自己的感悟书写成"生音"。希望广大青年不负嘱托,努力成长为有理想、敢担当、能吃苦、肯奋斗的新时代好青年。

在热烈的掌声中,上海大学党委常委、副校长聂清,教务部副部长、教发中心主任辛明军,学工办主任孟祥栋为获奖同学代表颁发证书。

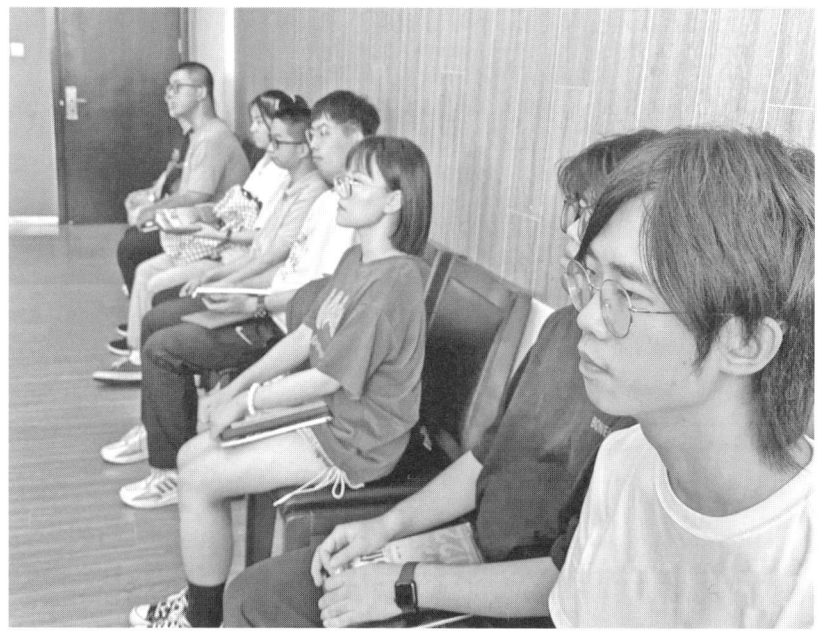

颁奖仪式尾声,上海大学党委常委、副校长聂清对同学们提出期望:当代中国青年生逢其时,施展才干的舞台无比广阔,实现梦想的前景无比光明。青年人一是要向下扎根,与人民群众紧密地联系在一起,用耳朵倾听人民呼声;二是要向上生长,传承红色基因,赓续红色血脉,确保红色江山颜色不改。她希望上大青年永葆艰苦奋斗的精神,在实践中学习,积攒本领更好地报效国家。

学 生 感 想

陆依琳:本次"生音"活动,我的征文主题是关于大国外交,习近平总书记在党的二十大报告中强调:"构建人类命运共同体是世界各国人民前途所在。万物并育而不相害,道并行而不相悖。只有各国行天下之大道,和睦相处、合作共赢,繁荣才能持久,安全才有保障。"风云变幻,不改人间正道;沧海横流,更当破浪前行。新时代中国外交在世界变局中砥砺前行,在大国博弈中从容自信,取得一系列来之不易的成果。身为新时代的青年,我们要既要仰望星空,又要脚踏实地,敢想敢为又善作善为,撸起袖子加油干,争做有理想、敢担当、能吃苦、肯奋斗的新时代好青年!

陈榆菲:在参加本次"生音"征文活动的过程中,我明白了什么是"绝知此事要躬行",也更明白了"读报告 融课程 跟党走"的主题意义所在。如果想要深入学习党的二十大精神,光是阅读党的二十大报告和上好思想政治教育课是不够的,我们还要结合日常体验和历史经验,将党的二十大精神生动地融入生活实践的方方面面。作为青年人,我们一定要做到有理想、敢担当、能吃苦、肯奋斗。只有充分发挥生力军的新生力量,在实践中学习,在学习中进步,我们才能让爱党爱国的声音传遍四方!

刘楚涵:我是来自法学院的刘楚涵。读党的二十大报告,我深刻了解到习近平新时代中国特色社会主义思想的重大意义,而习近平法治思想则是习近平新时代中国特色社会主义思想的重要组成部分。作为新时代法律人,我将在实践中全面贯彻习近平法治思想,不断深化自己的法学素养,为法治中国建设贡献出自己的一份力量。

沈桐羽:在为本次活动征文作准备时,我通读了党的二十大报告,也认真听取了马克思主义学院教授们的解读。我对党的二十大报告本身有了更细致深入的了解。本次专业分流,我即将进入法学院学习。我会更深入地学习习近平法治思想,下一番心无旁骛、静谧自怡的工夫。多实践,肯奋斗,努力培养自己发现问题、思考问题和解决实际问题的能力。一代人有一代人的使命担当。我们青年人要回望先烈,赓续先烈精神,致敬革命成果;也要展望未来,关注现实问题,投身伟大实践,书写时代"生音"!

陈君健:这次"生音"征文活动是个很好的学习契机,帮助我们深入了解党的二十大报告内容,学校也以学生主体的视角进行宣传推广。我结合社会学专业中"中国企业走出去"课题项目,分析了中国式现代化对世界的深远影响。希望新时代的"中国方案"可以为世界各国带来更多福音和机遇。

3. "生音: 读报告 融课程 跟党走"获奖名单

经评委评审,下列学生获评"生音: 读报告 融课程 跟党走"征文一、二、三等奖。

一等奖
秋白书院 20122540　周雍捷 法学院
青云书院 21123987　华芷嘉 文学院
青云书院 21120327　陆伊琳 文学院
青云书院 21120064　黄钰琦 文学院

二等奖
青云书院 21120281　代晶晶 文学院
秋白书院 22170008　刘楚涵 法学院
青云书院 21120233　陈榆菲 文学院
青云书院 21120114　钱佳慧 文学院
青云书院 21120218　程怡然 文学院

秋白书院 22120545　陈君键 社会学院

三等奖
闳约书院 19124436　周玮荀 新闻传播学院
闳约书院 19123605　冯　琦 新闻传播学院
青云书院 21120249　管懿蕾 文学院
青云书院 21120225　韩佳岑 文学院
青云书院 22120225　林　好 社会学院
文荟书院 22124345　谢子铖 悉尼工商学院
青云书院 21123674　厉陈燕 文学院
青云书院 21120029　李滢萍 文学院
秋白书院 22120565　沈桐羽 法学院
青云书院 21120165　马心洁 文学院
尚理书院 22121235　郭家豪 计算机工程与科学学院
文荟书院 22124484　於韵鸣 悉尼工商学院
自强书院 21121837　丁研博 机电工程与自动化学院
青云书院 21120092　张昕瑜 文学院

4. 朗读党的二十大报告视频(部分)

"过去五年的工作和新时代十年的伟大变革"(节选)
  尚礼书院 21122260 陈俏钰 理学院

"过去五年的工作和新时代十年的伟大变革"(节选)
  秋白书院 22220054 张婷 社会学院

"新时代新征程中国共产党的使命任务"
  尚理书院 22121276 季骏 社区学院

"坚持和完善'一国两制',推进祖国统一"(节选)
  尚理书院 李瑞 21121868 理学院

"十五、坚定不移全面从严治党,深入推进新时代党的建设新的伟大工程"（节选）

宏嘉书院　20120991 张世博　计算机工程与科学学院

"十五、坚定不移全面从严治党,深入推进新时代党的建设新的伟大工程"（节选）

青云书院　21120123　张青　文学院

5. "创新中国"第 22 季课程班学生征文作业(节选)

踔厉奋发新时代　艰苦奋斗新征程

22121658　喻孟强

自党的二十大以来,我们大学生对未来道路的方向有了更明确的定义,对积极建设社会主义现代化强国有了更明确的目标,对勇于实践、敢于探索、乐于创新有了更深层次的理解。

在"创新中国"课程学习中,顾老师邀请上海大学各学院的老师来为我们讲课,让我们领略不同学院非同一般的风采。尤其是对于我们大一新生而言,在面临分流选择的迷茫和疑惑下,这样的课程学习无异于一大佳音。在课程学习上,我们认真学习,积极思考,紧跟老师的讲课内容,在老师的知识汪洋中牢牢抓住核心——创新。通过与老师的同频共振,我们考量各种想法的可行性和应用性。在与不同老师的交流中,感悟交叉学科和跨专业的魅力。通过转换头脑的思路,我们在创新的死胡同发现新的境地,然后大呼痛快。这是一个寓教于乐的过程。

在课题探索中,顾老师对我们的课题进行无微不至的指导。对于每一小组的课题,顾老师都具有犀利的眼光和敏锐的嗅觉,许多看似理想的课题在顾老师的教导下暴露出许多漏洞。尤其是作为课题小组组长的我,在与顾老师的直接对话中,我认识到了课题中的实践性不足和过度理论化,这直接关乎后续课题的进行,倘若没有顾老师的指导,我们一定会走许多弯路。这次交流中,我也意识到,创新不能仅仅天马行空,而是要脚踏实地,落于实处,让想法变成办法,让半成品变成产品,这才是创新的目的与追求。在后来做课题时,我们多次遇到困难,例如如何让我们的研究理论应用于其他问题、如何从单一的产品过渡到对产业的分析和怎样在短时间内让听众认识到我们理论的可行性,等等。然而我们始终坚持着顾老师教导我们的"别把创新做成个性""要言之有物""创新不是一定要无中生有,也可有中生无"精神,勇敢地面对各种困难,从而获得了问题的解决办法。

再后来,顾老师组织了一次上海大学博物馆的参观,那是一次印象深刻的观览。顾老师引领我们领略了上大革命先驱不屈不挠的精神,拜读了文学大家的革命书籍,欣赏了创新先辈的创新成果,感悟了钱伟长老校长的爱国情怀和奋斗精神。尤其是对无人艇模型的观赏极大地冲击了我的认知——在百米深海下,让无人艇自行作业,这是多么伟大的工程呀!随着无人艇技术的不断成熟,我们不仅能发掘更多的沉船、进行更多的深海科研、开展更多的远洋研究,甚至能强化国防力量,抵御来犯之敌。此次观赏越发坚定了我个人投身机器人工程的决心,为祖国的机器人事业贡献个人的力量。

"创新中国"课程带领我们在遍地生花的创新海洋中徜徉,它以创新为核心意识,同时为我们传达为国为民的爱国情怀。它不仅仅是一门课,更是一支践行党的二十大精神的先锋队。我们总能在这一课堂中获得最新的时政消息,共享最优的创新平台。我们在这里携手共同探索人生方向,将自己培养得更加优秀。

山和山不相遇,人和人要相逢。每一种相逢都会有一个非同凡响的故事,就如我们同学间的相遇、我们与创新中国的相遇、我们与顾老师的相遇、我们与各位老师的相遇,我们必将创造非同一般的反响,与非同一般的未来相逢。

书写党的二十大体悟　续写时代华章

22122947　姚嘉怡

2022年10月16日,是一个意义非凡的日子。这一天,中国共产党第二十次全国代表大会在首都北京隆重开幕。诚如习近平总书记在党的二十大报告中所言,昔日之国情,即今日之历史。从中共一大开始,我们党在历次代表大会精神指引下,构筑起了具有丰富内涵的中国共产党人的精神谱系。这些精神是我党百年来积淀的最深沉的精神追求,也是奋发进取的动力之源。习近平总书记提出了伟大建党精神、钉钉子精神、历史自觉和历史主动精神以及社会主义法治精神等。

我被这些精神深深触动,最令我印象深刻的,莫过于"伟大建党精神"了。它彰显了本次大会的主题,即高举中国特色社会主义伟大旗帜,全面贯彻新时代中国特色社会主义思想,弘扬伟大建党精神,自信自强、踔厉奋发、勇毅前行,为全面建设社会主义现代化国家、全面推进中华民族伟大复兴而团结奋斗。

创新与我们的生活息息相关。创新是一个民族进步的灵魂,是国家兴旺发达的不竭动力。

作为一名共青团员，通过学习，我深刻认识到了创新的重要性，也曾在生活中对此有所实践。

我在高中阶段参与了学校的"根与芽"兴趣小组，学习了很多生物相关知识，也在校园中尝试亲手种植栽培蔬菜，体会了一把农民伯伯的辛苦。有一段时期，我们的菜苗因为养分不足而死亡，但是直接施化肥又会对土壤和研究造成影响，一时间我们陷入了困境。后来，学校组织我们去参观了桑基鱼塘，我和小组中的另外几名同学就从中受到了启发，在学校里建造了一个缩小版的桑基鱼塘——"鱼菜共生"系统。顾名思义，就是搭建一个框架，上方放置土壤种菜，下方蓄水养鱼，鱼的排泄物经过硝化细菌的分解，可以为蔬菜提供天然无害的养料，蔬菜产生的氧气进入水中，也有益于鱼的生存。通过创新，我们成功地解决了这个难题。

通过这次实验经历，我懂得了创新其实离我们的生活并不遥远，也并没有想象中那么困难，只要我们平时勤于观察、勤于积累，有一双善于发现的眼睛和一个善于思考的头脑，就可以拥有属于自己的创新成果。

进入大学之后，我选修了"创新中国"课程。第三周课程，全班同学跟着顾晓英老师一起去到学校东区，参观了"纪念上海大学建校100周年成果展"。这一次参观，我收获匪浅。

一进入展厅，各类创新研发成果映入眼帘。其中，最令我记忆犹新的，当属"精海14号无人艇"。通过讲解员老师的介绍，我了解到，这艘无人艇可以在复杂岛礁水域自主测量，节省了人力，为祖国建设作出了巨大贡献，也获得了很多全国性的大奖。唯一遗憾的就是，真正的精海14号无人艇外出"工作"了，我们只能看到等比例模型，没有机会一睹真容。

参观临近尾声的时候，顾老师说，上海大学有100个创新成果，但这次展出的却只有99个展品，因为第100个创新成果就是我们——上大的学子们。我为这句话所动容，同样也深感惭愧，自己的作品根本无法和前辈们的创新成果相提并论。我们这些被学校寄予厚望的学生，应当具有创新能力。这次参观坚定了我在学业生活中向优秀师生学习并积极创新的决心。

中国共产党第二十次全国代表大会已经闭幕，但是党的二十大带给我们的精神仍将被铭记在心中。我相信，在全国人民的一致努力下，我国一定会完成中华民族伟大复兴的重要使命，成为富强、民主、文明、和谐、美丽的社会主义现代化强国。

乘党的二十大之风 扬吾青年之帆

22121703　陈正群

继中国共青团成立 100 周年，我们又迎来了中国共产党第二十次全国代表大会。以前我不曾深刻感受到身上所肩负的责任与使命，但一次次的历史大事件，让我很难不感受到这深沉的历史重担。正处青春韶华的我们，不仅遇见百年征途的伟大里程碑，还遇见再续征途的伟大目标与历史使命。正如习近平总书记在党的二十大报告中勉励广大青年那样，"要坚定不移听党话、跟党走，怀抱梦想又脚踏实地，敢想敢为又善作善成，立志做有理想、敢担当、能吃苦、肯奋斗的新时代好青年，让青春在全面建设社会主义现代化国家的火热实践中绽放绚丽之花"。

来上海大学报到前，我不曾知晓上海大学是一所充满红色气息、流淌红色血脉的革命之校，我也不知道学校南大门的那两座景观是何用意，当时只觉得有种历史沉淀的美感，但不知其真正所蕴涵的历史与情感。

在班级活动课上，我终于知道了那两座景观——上大校舍旧址和溯园。通过网络云参观，解说员为我们展示美景的同时，为我们奉上了美妙的解说词，看着蒙上历史面纱的上海大学校舍旧址和溯园，我仿佛回到了那个革命年代，感受着青年们的满腔热血，为了建设更好的家国去拼搏、去奋斗，做到"坚定不移听党话、跟党走"。参观结束，我被拉回了现实。有人说"理想很丰满，现实很骨感"。回到充满压力的现在，我的热血似乎又变冷了。我成了"怀抱梦想却不脚踏实地，只想不为且恐作不成"的废柴青年。我怎么才能让自己宝贵的青春在全面建设社会主义现代化国家的火热实践中绽放绚丽之花呢？

在"创新中国"课堂上，我真正地感受到了思政类课程所具有的独特魅力。老师将我们与时代紧密相连，让我们感受到真正的外围世界，让我们跳出自己的舒适圈，让我们成为与时俱进的人才、摆脱目光短浅的囹圄。我们在课堂上聆听受邀的专业课老师与学校领导的讲话，当我们了解到许多新鲜事，我们就不单单只是听和看，更多的是要自己去做去想、去发现与创新，在自我认知与自我实践中形成良好的自我人格，同时也在其中实现自我价值。此刻，我正慢慢地接近"怀抱梦想又脚踏实地，敢想敢为又善作善成"的时代青年。

作为里程碑的党的二十大，既是机遇，也是挑战。我们感慨中国共产党伟大征途的同时，亦要明白"革命尚未成功，同志仍须努力"，不能满足于现状，而要踔厉奋发、笃行不怠。看清历史长河的遗迹，找清将来奋斗的方向，路途中虽然布满荆棘，但我们仍旧要继续向前。唯有如此，我们才能离"有理想、敢担当、能吃苦、肯奋斗的新时代好青年"更近一步。我们尚处在有老师、学校和社会支持的阶段：生活困难有辅导员、有政策补贴、有勤工俭学；学习困难有专业师长、有学神同学、有课外辅导……我们有什么理由去为自己不想努力奋斗找借口呢？

书党的二十大体悟，续写时代华章

20124026　谈嘉琦

党的二十大已经圆满闭幕，党的二十大精神值得我们深入思考和学习。习近平总书记在开幕式上全面总结了过去五年的工作和新时代十年的伟大变革，指出"从现在起，中国共产党的中心任务就是团结带领全国各族人民全面建成社会主义现代化强国、实现第二个百年奋斗目标，以中国式现代化全面推进中华民族伟大复兴。"我作为中国新青年，由衷感谢革命前辈们作出的贡献，也深感中华民族伟大复兴之时代重任。

在"创新中国"这门课程中，我深刻学习和感受到了党的二十大精神。我记得在这门课程的第一节课上，老师在阐述课程名中的"创新"二字的时候，便引用了党的二十大报告中的内容。党的二十大报告指出，教育、科技、人才是全面建设社会主义现代化国家的基础性、战略性支撑。必须坚持科技是第一生产力、人才是第一资源、创新是第一动力，深入实施科教兴国战略、人才强国战略、创新驱动发展战略，开辟发展新领域新赛道，不断塑造发展新动能新优势。这引发了我对人才的思考，思考我将成为哪种人才，我将如何成为人才，又如何定义人才。这也引发了我对创新的思考，思考什么是创新，什么又是中国创新，创新可以体现在哪些方面，我又该如何创新。带着这些思考，我又听了杨老师关于机器人的讲座，我在感叹人类科技伟大的同时，也感叹中国的机器人发展水平与其他先进国家的差距之大，面对其他国家对于技术的"卡脖子"行为，我们唯有创新才能追赶甚至超越那些科技强国。此外，顾老师还提到，我们要跳出知识的框架，不能被知识束缚，对于这样一门硬核课程，我们的理解不能仅停留于知识的获取，更要跳出思维定式找出其中的创新，对于党的二十大报告中提到的新领域、新赛道和新动能、新优势要结合实际情况进行思考和理解。顾老师带着同学们去学校东区参观了"纪念上海大学建校100周年成果展"，这是一次很有意义的实践活动。通过这次实践,我了解了校史,了解了科研成果,也走近了历史伟人和革命先辈。我意识到,在这样一所充满红色基因的、充满活力的"红色学府",处处彰显着自强不息的精神,而这与党的二十大精神和时代主旋律是契合的,党的二十大精神其实就在我们身边,它激励着我们为中华民族伟大复兴贡献自己的智慧和力量。

一代人有一代人的荣光,一代人也有一代人的担当。报告指出:"青年强,则国家强。"我们青年一代要保持好朝气与活力。青年一代有理想、有本领、有担当,国家就有前途,民族就有希望。作为一名上大学子,我必将恪守校训,自强不息,为中华民族伟大复兴而努力奋斗和学习。

扎根党的二十大精神,结果新时代理想

22121811　葛雨涛

2022年10月16日,中国共产党第二十次全国代表大会在北京隆重召开。习近平总书记向大会作了高举中国特色社会主义伟大旗帜,全面贯彻新时代中国特色社会主义思想,弘扬伟大建党精神,自信自强、守正创新、踔厉奋发、勇毅前行,为全面建设社会主义现代化国家、全面推进中华民族伟大复兴而团结奋斗的主题报告。党的二十大是在全党全国各族人民迈上全面建设社会主义现代化国家新征程、向第二个百年奋斗目标进军的关键时刻召开的一次十分重要的大会。

作为这一新时代的建设者、见证者、执行者,我的心情是无比澎湃的。正如习近平总书记所说"新时代施展才能的舞台无比广阔",一个时代最大的幸运便是物尽其用、才尽其能。因此,我们是无比幸运的。

在党的二十大报告中,习近平总书记勉励广大青年"要坚定不移听党话、跟党走,怀抱梦想又脚踏实地,敢想敢为又善作善成,立志做有理想、敢担当、能吃苦、肯奋斗的新时代好青年,让青春在全面建设社会主义现代化国家的火热实践中绽放绚丽之花"。习近平总书记既对我们青年人寄予无限期望,又为我们未来发展的方向作出指导,我们更应该将党的二十大精神内化于心、外化于行,用思想理论滋养"精神根系",在社会熔炉中"茁壮成长",向着国家未来结出"累累硕果"。

深刻领会党的二十大精神,以红色养料滋养"精神根系"。习近平总书记曾

讲述过陈望道翻译《共产党宣言》的故事,陈望道将墨水误认为红糖水喝入嘴里,却依然说"甜极了"。他已经完全沉迷于真理的世界,竟没有察觉墨水的味道,所以说"真理的味道非常甜"。而处于新时代的我们,生活在革命先烈所憧憬的时代,更应该深入学习党的二十大精神的内涵,在深学细悟中升华认知,构建出我们自己的精神脉络。在阅读党的二十大报告后,我对于我国20世纪以来的发展产生了深深的好奇。在我的学校——上海大学,我选修了一门课程——"创新中国",在顾晓英老师和她所邀请的其他名家的讲解下,我对于我们国家新时代所取得的成就与进步,所遭遇的困难与坎坷有了更多的了解。也正因为如此,我才越发知道青年对于我们国家未来发展的重要性,"未来属于青年,希望寄予青年。"而青年更要从党的二十大理论创新中、从党的历史中汲取红色营养,滋养"精神根系"。

坚守本心矢志不渝,在社会熔炉中"茁壮成长"。毛泽东同志在《实践论》中指出:"没有调查,就没有发言权。中国革命斗争的胜利要靠中国同志了解中国情况。"而身为新时代的我们,如果仅仅只是学习,而不将其应用于社会实践中,不去亲自体会如何将理论转化为实践,就是毛泽东同志所反对的"本本主义者",要知道纸上谈兵是最不可取的。而且只有在社会熔炉经历诸多挫折,才能够在未来的发展上坚定自己,邓小平同志说过:"在我们最困难的时期,共产主义的理想是我们的精神支柱,多少人牺牲就是为了实现这个理想。"而今天,我们所面临的磨难也从以前的"枪林弹雨"变成如今的"纸醉金迷",在当今物欲横流的现状下,能否坚定自己的本心,不被欲望所掌控,是我们青年人所要面临的一道难关。习近平总书记在党的二十大中说到,青年要敢担当、肯吃苦、肯奋斗。只要有着扎根于党的二十大的精神脉络,便能够应对社会中的一次次诱惑。

锚定目标脚踏实地,结出蕴含国家未来的"累累硕果"。理想信念只有见诸行动才有说服力,我辈青年更应向着国家未来而大步向前,在"创新中国"课程的学习中,我认识到了我国在许许多多科技领域的发展和不足,这些与发达国家之间的差距正需要像我们这样的青年去追赶,更是要发扬我们的"斗争精神",不信邪,不怕鬼,不怕压,要迎难而上,知难而进。机器人领域、信息技术领域、万众创新领域甚至电影、大数据等领域,都应该有我们青年人的身影,党的二十大报告是对于过去的总结,更是对于未来我国发展的统筹规划,而年轻的我们,更应在党的二十大精神的鼓舞下,去进行自己的创新,去打拼自己的未来。在面对发达国家的技术封锁,在新技术被"卡脖子"之际,我们要做的就是创新,去打破他们的封锁,去让他们见识到我们的力量。贯彻党的二十大精神,是青年向前大步走的精神必需,唯有深刻理解、深刻体会,才能够在向着人民幸福、国家富强的道路上一往无前。

我很庆幸,可以生活在这样的国家,生活在这样的时代,能够让我们有许许多多的机会施展自己的才能,可以发出"请党放心,强国有我"的口号。党的二十大的胜利召开,更是我们在新时代迈出的重要一步,无论是在学习中,还是在生活中,党的创新理论都在潜移默化地影响着我们。愿星光不问赶路人,岁月不负有心人。

在课程、书本、知识之间创新

20121316　刘镓成

秉持着"青年强,则国家强",学习并实践党的二十大精神,是当代大学生的一门必修课。深入贯彻党的二十大精神,首先就应该在脑海中形成严密的创新理念体系,这也是"创新中国"课程中老师一直所强调的。创新是一个民族进步的灵魂,是一个国家兴旺发达的不竭动力。坚持创新的理念,是习近平新时代中国特色社会主义思想的理论品格,是推进马克思主义中国化时代化的主要着力点。唯有创新才能把握时代、引领时代。一味地守旧、站在固有角度思考,只会让前进的脚步延缓,甚至可能导致停滞不前,所以我们必须要创新。

我们民族应该要在科技方面创新:中国目前正在全面实施创新驱动的发展战略,并且近些年来已经结出了许多不错的成果,在创新领域取得了重大突破,一举迈入创新国家的行列:高速铁路和5G网络建设处于世界领先地位,载人航天、火星探测等领域取得了重大突破,新能源汽车和新型显示产业规模居世界首位。未来我国更应稳定朝向以下几大科技创新方向前进:一是面向世界科技前沿,建设科技强国,开展前瞻性的研究,科学技术具有世界性、时代性特征,科学技术的发展必须具备全球视野;二是面向经济主战场,推动科技和经济发展的融合;三是面向国家重大需求,围绕国家战略需求,实施重大科技项目。

对于当代大学生而言,我们应该在课程、书本、知识之间创新。书本与课程之中传授的知识都是理论化的,如何将其灵活地运用体现了创新的思维。我们首先应该做到的就是掌握书本上的每一个知识点,只有懂得其基本原理后,才能灵活运用,提高创新能力。再者,类如本课程中一些优秀老师或者同学的学术演讲,开阔了我们创新的视野。同时,我们在聆听课程或者演讲时,还要敢于打破陈规,勇于站在新的角度上提出问题,在他人学术基础上提出自己的新思想、新观点。"创新中国"课程带给我印象深刻的环节就是创新的氛围优良:以班级为单位,在课堂上实现了师生创新思维交流、学生间的观点碰撞,这无疑营造了一个激发我们创新的环境,任何同学都能在此享受到这种创新环境资源,这是极其宝贵的。当代大学生本就应该积极地表达自己的想法和意见,充分挖掘自己的潜力,充分利用好浓郁的课程创新氛围,充分学习老师的学术结晶,并在其理论基础上大胆实验、大胆创新。

就如党的二十大而言,我们要以科学的态度对待科学、以真理的精神追求真理,坚持马克思主义原理不动摇,坚持党的全面领导不动摇,坚持中国特色社会主义不动摇,紧跟时代步伐,顺应时代发展,不断开阔认识的广度,勇于在前人未做出的事中迈出创新的一步,要将思想与实践都做到"新"。

深刻认识创新精神的基本内涵,是当代大学生继承与弘扬创新精神的基础。

党的二十大精神指导我课程学习

19122561　于卓弘

党的二十大已闭幕,但其精神引领着"中国号"巨轮向中华民族伟大复兴的辉煌彼岸乘风破浪。作为一名在高校就读的大学生,我结合自身的课程学习,对党的二十大精神进行实践,有助于感悟党的二十大精神的核心要义和丰富内涵,知其然更知其所以然,用思想筑牢自身的能力之基、修身之道、成事之本。

党的二十大报告指出:"尊重自然、顺应自然、保护自然,是全面建设社会主义现代化国家的内在要求。必须牢固树立和践行绿水青山就是金山银山的理念,站在人与自然和谐共生的高度谋划发展。"在我们专业课的学习中,"乡村规划"课程提倡利用乡村资源因地制宜,牢固绿水青山就是金山银山的理念,在实现乡村振兴与城乡统筹发展的同时,兼顾可持续发展,不必一味强求工业化、高产出,利用乡村自身自然环境特色发展特色旅游业及优势产业,将绿水青山变成金山银山。同时"旅游规划"课程突出了环境友好型、资源节约型城市的概念,在打造以人为本的城市街区、景点时,还应站在人与自然和谐共生的角度谋划发展,打造资源节约型环境友好型城市。

学习党的二十大精神,我们明白我们的课程设计不能仅仅只是学生时代的乌托邦幻想，不会落在实地，而是要结合实际理念去拓展我们的学习认知，如在做课程作业的同时，不断完善时代精神与课程作业内涵的融合。如"乡村规划"课程作业中，我们小组立足乡村本身，利用自身突出的环境优势进一步扩大自身环境优势，发展特色乡村农业，缓解上海农村少有农民的现状，同时推动农业现代化发展，保留乡村特点，让乡村在现代化过程中避免一味都市化导致乡村的归属感消失。乡村可以成为我们与自然深度融合的媒介，在推动乡村振兴的过程中尊重自然、顺应自然、保护自然，会更有利于乡村的发展，更有利于地区的发展。中华民族的传统文化源远流长，其中与自然的关系也是密不可分的，人并不是自然的主宰，可以是自然很好的近邻，就如同有的学者对未来城市的描绘中，未来城市是充满生命力与创造力的，而生命力最直观的体现，就是人与自然和谐共生，自然植被生机盎然装点着城市。

时间镌刻不朽，奋斗成就永恒。现在的我们在学习过程中有很好的机会与条件去了解到这些先进的知识、精神与理念。党的创新理论能第一时间深度融入我们的学习课程中。时代在飞速发展，我们如果仅仅看着课本里的知识不加以消化、吸收、实践、变通，那将很难满足我们应对快速发展中面临的难题。积极消化吸收党的二十大精神，并结合课程学习进行实践，更能拓宽我们的实践能力与思考能力。在不断学习的过程中，我们还会遇到更优秀的人，与其合作、交流、实践，可以逐步提升自己的修行，完善自身。

人民就是江山，江山就是人民。党的二十大报告中177次提到"人民"。我们应当拒绝"躺平"，努力奋斗，学好知识，将来用自己的知识在自己擅长的领域，做更多服务于人民的事。

创新的中国　创新的我们

22123643　赵妍乔

随着中国共产党第二十次全国人民代表大会胜利召开，习近平总书记在党的二十大上的报告成为我们大学生认真学习、深入领会的重要内容。本学期我有幸选修了上海大学思政选修课"大国方略"系列之"创新中国"课程。在课程学习中，党的二十大精神在思想层面上深刻地引领着我们在中国特色社会主义道路上前进，带领我们青年一代积极奋发、埋头苦干、担当作为、创新创造。

在"创新中国"课程学习中，老师反复向我们强调创新的内容与意义。我们了解到目前党和国家事业取得举世瞩目成就的同时，科技创新能力还不强，还有许多进步空间，推进高质量发展还有许多卡点瓶颈，许多专业领域亟待创新人才的投入建设。同时，主讲老师顾老师也反复耐心地说明，创新思维的训练与知识的学习之间的区别。知识的学习笼统复杂，但创新思维的学习看不见、摸不着，更加难以学习。但是，思维的学习能够指导我们在新时代对广博浩瀚的知识与海量信息有目标、针对性地进行选择和学习。

中国特色社会主义是前无古人的伟大事业。习近平总书记说，中国人民和中华民族从近代以后的深重苦难走向伟大复兴的光明前景，从来就没有教科书，更没有现成答案。虽然目前我国科技创新能力还有待更好地提升，但我们的创新之路前人早已开辟，创新成果早已造福中国的千家万户，党的二十大正是带着这样的创新精神为我们青年学子作思想的统帅，照亮前路，将我们蓬勃的生命力一起带动创新事业的发展。我们的创新之路来路艰险，道阻且长，未来可期。

党的二十大报告中，习近平总书记在开辟马克思主义中国化时代化新境界中提到，必须坚持守正创新。创新才能把握时代、引领时代。这充分说明了新时代坚持创新的重要性。我们需以满腔热忱对待一切新生事物，不断拓展认识的广度和深度。我们大学生在学习知识的同时，需运用创新思维在对所学知识的处理上发展创造性的新式思路，深刻认识创新思维的学习与锻炼是大学学习过程中十分重要的一部分，将创新意识的训练和养成，贯彻在教育教学的始终。

在学习"创新中国"课程之前，我对于创新的认识还十分浅薄，认为创新离我们的生活还有许多距离。也许真正艰深的创新成果我们目前还无法达到，但创新意识创新思维却存在于生活工作的方方面面。我们要在党的二十大精神指导下创造新思想，争做新青年。新时代造就了追求创新的我们，让我们为了中国而创新，让时代因创新中国而精彩。

守正创新　引领时代

22121811　傅昱齐

党的二十大报告勉励我们年轻人，而作为新时代的一分子，我们不能妄自菲薄，要清楚地认识到并利用自己身上存在的无限的潜能，做到守正创新、引领时代。

面对西方国家对我国展开的种种"卡脖子"限制,自主创新的重要性正在一天天地提高。在以往,西方国家对我们的忌惮还不明显时,我们尚可以通过学习,来缩小我国和西方国家之间的技术差距。但现在,我们应当有一个确定的认识,就是一味地去学习去模仿已经不能解决问题了。斯大林曾说过:"落后就要挨打。"如果想着仅仅靠"学习和模仿"解决问题,认为创新是一种遥不可及的东西,认为引领时代是力所不能及的事情,这也是一种思想上的落后。创新属于我们每个人,而每个人也都有着在某一方面引领时代的可能性。

在我校的"创新中国"课程中,我有幸接触到了各行各业的顶尖人才。其中让我印象极其深刻的是学校无人艇项目团队的老师。无人艇,是一种有军事潜能的重要机器人,其无疑有着引领时代的潜力。在课程中,我了解到,无人艇有着"无人"的优势,无人即不需要配备人员,意味着派遣无人艇不需要承担人员伤亡的风险,也可以减轻人员和附属物件所带来的负重,大大地改善船只在礁区的吃水问题。因此,无人艇有能力去一些海况较不理想的海域进行探测和信息收集的工作,如探礁。目前无人艇已在绘制海图方面作出了贡献。而这一成功案例更进一步论证了守正创新的正确性和引领时代的可能性。正是在守正之中,无人艇团队走上了正确的方向,意识到并总结了先前水上水下作业的困难,从而在相应的方面取得了成果。而创新则是为解决这些痛点而必须要经历的一步。正是在"创新中国"这门课程的帮助下,我拥有了用党的二十大精神指导分析问题的能力,也正为此围绕小组课题进行研究和创新。

在学习生活中,我们也要以党的创新理论为指导。守正意味着恪守正道,最简单的案例就是不抄袭、不作弊,这些行为本就是对自己的不负责和对他人、对公平的蔑视。另一方面,守正也代表着道路的正确,而我学习的目标正是在某一方面作出突破,为国家和社会增添一份永久的力量。创新是所有时代都有的事情,但在这一时代我们更要强调。随着科技的不断进步,科技的力量早已变得不可忽视。当前,以美国为首的西方国家作出"卡脖子"行为,击破了他们所谓"自由"的幌子。我更清楚地认识到,在种种关键技术上,中国已经没有除创新外的路可以走了。当前,我需要承认,由于基础知识的不完备,和对"巨人肩膀"即先前基础成果的不了解,我还没有能力在这些领域作出创新,但我也在努力积攒所需的知识,渴望在某天能真正踏入这一领域,给出自己的答卷。

悟党的二十大精神　逐时代呼唤

22122406　赵晓阳

站在"两个一百年"奋斗目标的交汇点上,面对第二个百年目标,党的二十大胜利召开,我们也即将迎来新时代的新篇章。学习了党的二十大报告后,我深刻地意识到形成自信自强精神的重要性以及创新对于促进国家进步的意义。作为一名大一学生,更是祖国主力军的一分子,我们应该积极响应时代的号召,跟随前辈的脚步,以己之行,践己之能,为社会贡献自己的力量。

在党的二十大报告中,习近平总书记强调要在全社会形成民族自信、文化自信。揆古观今,彰显自信自强的精神力量是我们的迫切要求。中国的日益强大,引来了西方一些国家的敌对,他们以文化入侵的形式企图减缓我国的发展速度从而确定并巩固他们在世界的霸主地位。文化是一个民族的精神源泉,没有文化自信的国家终会走向灭亡。面对韩国肥皂剧、日本动漫、美国电影等一系列文化产品,我们都或多或少地被其蕴涵的价值导向所影响。对于这些潜在的文化侵蚀,我们应该及时采取措施,从娃娃抓起,形成坚定的价值导向,确保我们不会在日后的娱乐活动中不知不觉被国外文化左右。在日常生活中,我会在微博、知乎等平台上号召大家多阅读一些传统的经典作品,并通过自己的账号宣传类似于《唐宫夜宴》《只此青绿》等文创作品,尽可能地让越来越多的人感悟到中华优秀传统文化的魅力所在,响应党的二十大要求,形成坚定的文化自信。

"创新需要具备批判思维。"顾老师在课堂上的教导言犹在耳。在党的二十大报告中,创新的重要性多次被强调,重视程度在进一步加深。通过对党的二十大报告的研读,以及半年大学课程的学习,我懂得了创新不应该也不能只是一句口号,理解了"创新是掌握新技术的根本条件"。习近平总书记强调"必须坚持科技是第一生产力、人才是第一资源、创新是第一动力,深入实施科教兴国战略,开辟发展新领域新赛道,不断塑造发展新动能新优势",创新与科技、人才紧密相关。想要提高国家创新内驱力,就必须优化我国教育体系,鼓励高新技术人才主动、自愿地从事教育事业,让填鸭式学习、应试教育从中国消失,让孩子更愿意思考如何去学习,如何利用已经存在的事物作出创新发展。"创新首先要养成创新思维,不然一切都是空谈",在日常学习生活中,我们可以花更多的时间去了解"大创赛"等创新活动,阅读一些科技期刊来养成自己的创新思维,并打破自己一贯的思维模式,鼓励自己对事情说不,养成批判思维。

奔赴新征程,擘画复兴新蓝图,创造历史新事业。实现第二个百年目标是党的二十大精神指引所在,亦是我们这一代青年人肩负的使命。作为一名大学生,我要用自己的实际行动响应党的二十大号召,平日里尽可能地多参加志愿活动充实自己的精神生活;学习民族乐器——唢呐,自觉养成文化自信,成就一个更为自信自强的自己;学习精海系列无人艇团队,助力形成创新思维。党的二十大胜利召开,党中央再次为了我们指明了前进的方向和道路,身为新一代青年,我们有责任接过时代的接力棒,跟随前辈的脚步,在祖国的发展史上留下属于自己的足迹。

作为生在红旗下、长在春风里的一代人,我们应该学习贯彻党的二十大精神。学会用耳朵倾听人民呼声,用眼睛发现中国精神,踏上属于我们的长征路,以青春之我,献礼党的二十大,助力伟大复兴中国梦的实现。

激发创新意识　为绿色发展贡献力量

21120406　郑美好

党的二十大报告指出,大自然是人类赖以生存发展的基本条件。尊重自然、顺应自然、保护自然,是全面建设社会主义现代化国家的内在要求。必须牢固树立和践行绿水青山就是金山银山的理念,站在人与自然和谐共生的高度谋划发展。党的二十大代表、各地干部群众表示:在全面建成社会主义现代化强国的新征程上,要以更大的责任和担当,推动绿色发展,促进人与自然和谐共生。

近几年来,我国许多生态环境得到了极大的改善。在保护自然环境方面,我国也取得了不小的进步。如玉树三江源地区生态环境,在党的带领下得到了非常大的改变,高原的旗舰物种雪豹从过去的几十只繁衍到今天的1 000多只;山西打响汾河治理攻坚战,控污、增绿、清淤、调水等多措并举,补齐水环境基础设施短板,汾河又重新恢复水清岸绿的美丽景象……我国的生态保护取得了积极成效。

在"创新中国"课堂上,我们的视野变得更加开阔。我意识到,创新存在于每个方面,在新时代,需要我们作出更新的努力。创新改革,不只是科技,环境的治理也离不开创新的加持。从治理策略与方案,到解决具体问题的科技产品,从用竹代替树做的纸巾,到宣传环保理念的服装设计,每一点皆可创新,每一点皆是我们所作出的实践努力。

由我的家乡重庆说起。去年来,重庆完成了观音塘湿地受损生态系统的修复,采用操控物种群落演替技术,打造水生植物—微生态食物网链,将水体从浊水恢复过渡为清水稳态,加快了污染物的去除与吸收;城口县咸宜光伏项目利用城口县区域太阳能资源丰富、并网条件好、开发建设条件优越的优势,建设了装机容量 30 mw 山地光伏发电站,实现节能降耗的同时,也减少了线路投资,节约了土地资源;通过互联网,重庆实现"互联网+"创新实践,打造"碳惠通",重庆"碳惠通"生态产品价值实现平台是全国首个集碳履约、碳中和、碳普惠功能为一体的生态产品价值实现项目。可见,要实现绿色发展、不断优化环保项目,创新是必不可少的,而这就需要青年时期的我们建立稳固深刻的环保创新意识,从身边的实践做起。如提高自己的环保意识,增强自己的环保素养;低碳生活,绿色消费,让环保成为生活习惯;宣传环保,让更多的人行动起来;有全球视野,关注人类共同面对的环保问题;学以致用,将专业知识和创新思维运用在保护环境和绿色发展的项目上。

习近平总书记在党的二十大报告中指出,推动绿色发展,促进人与自然和谐共生。作为青年,我们更应肩负保护环境的责任,激发创新意识,积极响应国家号召,为绿色发展献出新时代的一份青春力量!

学习党的二十大精神　奋进新征程

21170045　栾谦益

党的二十大报告强调,完善党的自我革命制度规范体系,形成坚持真理、修正错误、发现问题、纠正偏差的机制,健全党统一领导、全面覆盖、权威高效的监督体系。

自党的十八大以来,我们党在从严治党上展现了巨大的政治勇气。很多人会问为什么我们要如此坚决地贯彻从严治党?为什么说从严治党是在保证我们党的纯洁性与先进性?

"形势与政策"课上,宋老师详细地讲述了我们从严治党的政治意义。他用中国足球队与中国乒乓球队作对比。中国足球队为什么越办越不行,从当时的亚洲第一到现在踢不过越南,宋老师认为最大的原因是中国足球队治队不严,球队中的腐败现象丛生,目前前任国家队教练李铁也因贪腐问题接受调查。而中国乒乓球队则治队严格,无论是球员的选拔,还是球员的训练等都有着严格的标准,队内风气良好,所以中国乒乓球队能稳定地为国家培养人才,获得荣誉。听了宋老师的这段话,第一个问题的答案便明确了。从严治党是为了督促我们的党员,更好地实现党的目标、完成党的任务、落实党的根本宗旨,从这个角度理解,从严治党为中国特色社会主义事业的发展提供了坚强保证。

在去年暑假的"形势与政策实践"课上,我与同一小组的同学们深入研究了我们党在延安时期从严治党的各种举措,如1939年颁布的《陕甘宁边区惩治贪污暂行条例(草案)》等。毛泽东同志曾指出:"房子是应该经常打扫的,不打扫就会积满了灰尘;脸是应该经常洗的,不洗也就会灰尘满面。我们同志的思想,我们党的工作,也会沾染灰尘的,也应该打扫和洗涤。"在中国共产党的历史上从严治党是我们的优良传统,我们重视加强党内的思想教育,通过一次次的党内思想教育不断解决我们党内存在的问题。我想第二个问题的答案也明确了。正是我们从严治党的优良传统保证了党的先进性与纯洁性,让我们党在社会主义革命与建设时期始终立于不败之地。

既然从严治党如此重要,我们普通的共青团员可以做些什么来响应党的二十大精神呢?以我为例吧,首先,我会加强对自己的思想建设与理论教育,从最小处说起,我会自觉按时完成学习。其次,作为共青团员,我要在学习上严格要求自己,做到诚信考试。如果连考试都作弊,怎么保证自己能成为一名优秀的共产党员呢?最后,读完党的二十大报告后,我深感从严治党的重要性。我希望自己将来能成为一名纪检工作者,更加深入地参与到从严治党的这项任务中。

天地中华家

19122171　吴梦露

学习贯彻党的二十大精神,就要深刻把握全面建成社会主义现代化强国总的战略安排和未来五年的主要目标任务,牢牢把握"坚持和加强党的全面领导""坚持中国特色社会主义道路""坚持以人民为中心的发展思想""坚持深化改革开放""坚持发扬斗争精神"的重大原则,埋头苦干,担当作为,不断推进社会主义现代化建设。

"从现在起,中国共产党的中心任务就是团结带领全国各族人民全面建成社会主义现代化强国、实现第二个百年奋斗目标,以中国式现代化全面推进中华民族伟大复兴。"这是习近平总书记发出的全面建设社会主义现代化国家、全面推进中华民族伟大复兴的动员令。而对我们学生来说,能做到的就是从自己身边生活实践出发,深入贯彻党的二十大精神。

自强不息是上海大学的校训,也是我们大学生贯彻落实党的二十大精神的重要途径。我曾上过刘寅斌老师的通识课——"创业人生"。一开始我以为只是去听听各行各业的成功人士的创业经历,后来发现不只如此。刘老师不只是将各位老师请进课堂让我们聆听他们的创业经历,更希望用这些故事背后蕴涵的人生哲理来激励我们。他的作业不限形式,更多的是鼓励我们发挥,展示自己的才能。刘老师还在课余为我们牵线搭桥发布就业机会,虽然我的专业与这些岗位不太匹配,但是能从中感受到一名教师对学生的尽心尽力,这也极大地鼓励我、开导我,让我更努力、更积极地去面对学习和生活。

我曾听闻,1998年洪水肆虐时是70后解放军用人肉筑坝挽救生命,2008年汶川地震中是80后志愿者不计生死八方支援。他们是中华历史中各个时代的爱国英雄,而如今,听故事长大的孩童子承父业,托起半壁江山,让全世界肃然起敬。这是少年的英雄情怀,是中国人民的爱国担当,是国之大幸。英雄主义与爱国主义结合而焕发出的力量,让世界对我们这个国家、这个民族,心生敬畏。

我想,有朝一日,华夏大地也是我们的乾坤,新辈成童,青年面对困难时的坚毅,是中华复兴的勋章。要建设科技强国,每一个步骤都至关重要,而身为一名材料学子,我能做的就是学好专业知识,在实践过程中用知识反哺社会。身为新一代材料人,我们要稳稳接过前辈的衣钵,与他们相比,我们已经是站在巨人的肩膀上了。我们要有胸怀祖国、服务人民的爱国精神,勇攀高峰、敢为人先的创新精神,追求真理、严谨治学的求实精神,淡泊名利、潜心研究的奉献精神,集智攻关、团结协作的协同精神,甘为人梯、奖掖后学的育人精神。

鲁迅先生的文章,一直使我记忆犹新。"愿中国青年都摆脱冷气,只是向上走,不必听自暴自弃流者的话。能做事的做事,能发声的发声。有一分热,发一分光。"愿,吾辈青年,爱国爱家,爱热土,爱我们所生活和即将建设的地方,以吾辈之青春,护盛世之中华。

我是母怀少儿郎,亦是国中顶柱梁。马踏山河为家国,心守华夏为铿锵。

党的二十大精神与上大课堂

22120076　尤毓涵

认真学习好宣传好贯彻好党的二十大精神，让党的二十大精神真正落地生根、开花结果，作为有着百年悠久历史的上海大学的一名本科生，党的二十大精神不仅仅停留在媒体言语，更融入上海大学的课程，如顾晓英老师主讲的"创新中国"课程中。

在"创新中国"课堂里，顾老师会邀请不同领域的专业人士来为我们介绍相关领域的一些创新发展情况以及成果，尤其是各个领域最近的一些创新成果。如虞国芳老师为我们介绍了短视频、媒体方面的一些专业创新内容，以一些爆红的主旋律短视频为例介绍了其中的创新之处。而这正与党的二十大精神中的"守正创新"非常契合。课程教学跳出了原有的刻板形式，老师们用新奇的方式给学生们讲解相关领域的知识。

除了邀请不同领域的专业人士来为我们作介绍外，顾老师还会选择用创新方式来教学。她带我们走出课堂，去看各种各样的校园博物馆展览，拓宽我们的见识面。上次顾老师带我们去参观了上大百年成果展览，从一件件展品、一张张图片中，我们仿佛穿梭到那个时期，一同体会当时先辈们的心情，感受他们当时为了崭新成果的刻苦努力，为了达成目标的废寝忘食，为了上大发展的踔厉奋发……南京路下沉式广场、第二代高温超导带材、"精海"系列无人艇等知名成果，原来都是上大的前辈们无数个日夜的心血之作。到这里我才猛然发觉，顾老师不仅仅是带我们来看一场展览，也是带我们重新体验上大百年的发展史，更是带我们体会上大百年经历中与党的二十大精神不谋而合的部分。党的二十大精神中所倡导的踔厉奋发、守正创新、勇毅前行，不正是上大百年过程中前辈们身上所体现的不懈奋斗、艰苦努力、笃行不怠、创意创新等优秀品质的最好概括吗？顾老师的课堂不单单让我了解不同领域的研究内容与相关方面的最新前沿成果，还让我体会到上大建设百年来的艰辛，更让我感悟到，原来党的二十大精神离我并不遥远，党的二十大精神就真切地存在于我们的身边。

金色的落叶已然消逝，党的二十大也已经闭幕。但党的二十大会议中所指明的我国未来的发展目标以及党的二十大精神将会长久地存在于每个人心中。而我也坚定地相信，顾老师会带领着我们走进更多领域、了解行业情况，带我们感悟、弘扬党的二十大精神。

不忘初心　守正创新

22123756　张润峰

在上了"创新中国"这门课之后,我印象最深刻的有两个板块,其中一个是杨老师给我们播放的关于机器人的视频。那个视频中,通过后台人员不断地完善代码、测试样本等,机器人终于从原来的错误百出,到了能够自己站立、跳动、行动等。另一个是顾老师带领走出课堂来到学校博物馆,参观上海大学建校100周年成果展。该展览分为了三个板块:红色学府、继往开来以及新的历程。第一板块主要介绍了上海大学在早期成立的历史和红色学府故事;第二板块主要介绍了上海大学自20世纪60年代至1994年的学校合并以及创新成果,例如:"上海二号"搬运机器人、国内第一根"单模光纤"等;第三板块主要介绍了从1994年以来,新上海大学在教育教学、科技方面及文化传承等方面所作出的创新以及贡献,如纳米生物材料、全自动核酸采样机器人等。这让我意识到,每一项科研或是研究,都需要通过不断的努力以及足够大胆的创新想法与行动,才能够支撑起最终的研究成果。

通过学习党的二十大精神,我深刻地感受到我们党在过去十年取得的伟大成就。这十年来,我们国家实现了全面建成小康社会的伟大目标,同时脱贫攻坚战也取得了全面胜利,人民生活水平不断提高。在科技创新方面,有着嫦娥载人火箭的成功登月、有着超越时代速度的量子计算机"九章"问世、北斗系统的全面覆盖等,这些都是我们党带领我们国家取得的辉煌的成就。

在党的二十大报告中,提到了这样一个关键词——守正创新。守正是什么,是恪守正道,是按规律办事,不走歪门邪道,创新是按和平的方式去创新。这是中国共产党对中国青年脚踏实地地学习、努力奋斗,为国家作出创新相关贡献的殷殷期望,是对于青年们能够超远前人、突破自我的一种鼓励。

作为上海大学的一名学生、共青团员,我深刻地感受到了国家日新月异的发展与变化,深感自豪,也深知自己身上肩负的使命。我认识到,在生活中我应该不断提升自己思想境界,努力学习科学文化知识,以实际行动践行党的二十大精神;并在学习过程中不断思考怎样做才能使自己成为一名合格党员,成为学生中的先进分子,因此我也立下了在大学中入党的志向;在平时生活中严格要求自己,遵守学校各项规章制度,积极参加学校组织的活动。而作为当代大学生也要肩负起建设祖国、振兴中华、实现中华民族伟大复兴等一系列伟大使命与责任。

我将坚定信念,牢记使命,刻苦学习,有理想、有追求,努力做一名优秀学生;树立正确世界观、人生观和价值观,努力培养自己的创新精神和实践能力,为把我国建设成为富强、民主、文明、和谐、美丽的社会主义现代化强国而奋斗!坚定不移听党话、跟党走,不忘初心使命,勇于担当作为,守正创新,为中国发展贡献出自己的一份力量。

礼赞党的二十大,书写时代华章

21123886　朱珈墨

时光如白驹过隙,转眼间我即将步入忙碌的大三生活。进入上海大学的两年,我经历了许多意义重大的事:中国共产党成立100周年、党的十九届六中全会胜利召开、全年粮食产量创下新纪录、中国航天进入"空间站时代"……但我感触最深的,是胜利召开的党的二十大。党的二十大报告,字字句句皆为人民、皆为中华民族更好的发展。

作为一名时代新青年,作为一名新时代上大人,我意识到应当志存高远,忠于祖国,努力做新时代具有远大理想和坚定信念的爱国者。"志不立,天下无可成之事。"习近平总书记勉励广大青年"要励志,立鸿鹄志",并指出,"热爱祖国是立身之本、成才之基",是"立德之源、立功之本"。一个人的理想只有同国家的前途和民族的命运相结合才有价值,一个人的追求只有同社会的需要和人民的利益相一致才有意义。新时代青年只有胸怀忧国忧民之心、爱国爱民之情,才能准确定位自己的人生目标和奋斗方向。"信念决定事业成败。没有理想信念,就会导致精神上'缺钙'"。新时代青年只有用习近平新时代中国特色社会主义思想武装头脑,不断增强"四个自信"、持续坚定中国特色社会主义信念,才能在推进新时代中国特色社会主义事业的爱国奋斗中不断实现人生理想和价值。

2022年,最打动我的是"创新中国"课程中的一节课。这节课中,任课老师向我们介绍了上海大学的百年变迁,上海大学的先辈们用血肉之躯投身中国革命与建设之中,那么生在和平年代的我们,也同样需要轰轰烈烈地投身"革命",为中华之崛起而读书!这也更让我为我是一名上大人而骄傲。而后老师带我们参观了校史馆,通过观看展板、聆听老师们的讲解,我更能直观地感悟上海大学之"自强不息,先天下之忧而忧,后天下之乐而乐",也更明确了要通过自己的努力争做新时代上大人。钱伟长老校长曾经说过:"国家的需要就是我的专业。"钱老先生的自强不息、爱国情怀和求实创新贯穿了他不平凡的一生，也深深打动着我。

作为当代大学生，我们做不了惊天动地轰轰烈烈的大事，我们能做的很简单：从一点一滴开始积累，从身边小事开始做起。不迟到早退，认真完成老师布置的每篇论文，一心向党，积极向上。点滴努力只为积累，只为在关键时迸发我们这一代人的力量。

风华青年正逢其时，激荡梦想重任在肩。"芳林新叶催陈叶，流水前波让后波。"一代人有一代人的责任，一代人有一代人的担当，伟大的时代赋予我们更多的机遇和挑战，我们将以中流击水的劲头和舍我其谁的精气神，将人生梦想汇入时代洪流，在新的逐梦路上创造更绚丽的人生。

学习与融入：党的二十大精神实践

19122696　申宗林

高举中国特色社会主义伟大旗帜，全面贯彻新时代中国特色社会主义思想，弘扬伟大建党精神，自信自强、守正创新、踔厉奋发、勇毅前行，为全面建设社会主义现代化国家、全面推进中华民族伟大复兴而团结奋斗。这是党的二十大主题。这86个字，字字千钧，内涵极其丰富，思想极其深刻，意义极其重大。其中我对守正创新、踔厉奋发两词印象最深刻。

我的专业是建筑设计，创新对于设计类的专业尤为重要，在日益"内卷"、各行各业趋近饱和的今天，对于设计行业来说，不创新就是死路一条。一个项目数十家公司竞标，如何在众多竞争对手的方案中脱颖而出，唯有创新。建筑行业也同样。坚守这一行业的我们必须很好地理解和领悟守正创新、踔厉奋发。

曾经的我做设计时也只求满足最基本的功能需求和安全规范，做出来的东西完全没有新意，就和市面上存在的大众的东西一样毫无亮点而不自知。直到后来，我选到了对我影响最大的设计老师——魏枢老师，我的设计学习才发生重大转变。选他的第一次设计，我像曾经一样做了几个备选方案，同样是普通的没有亮点的。结果第二天，所有方案都被毙掉了。我现在还记得老师说的话："一个方案要么策略或者理念上有创新点，要么形体上有创新点，不然甲方凭什么选你的方案呢？"这句话对刚从纯理科转到设计类的我无疑是当头棒喝。是啊，这个社会、这个时代已经不怎么缺平平无奇、只是满足基本需求的建筑了。如果自己设计出来的东西自己都不满意,自己设计的建筑自己都不想用,别人又怎么会想用呢,如果需要重新花费经济和人力,而建设出来的东西和原本并无差别,那怎么让人们生活得更加美好呢?

　　关于踔厉奋发,更是能在很多老师身上看到它的影子。我有好几个年纪较大的设计老师比如章迎庆老师和吴爱民老师,他们依然奋斗在建筑设计事业的第一线。按理说他们这个年纪的设计师尝到了当年建筑行业时代的红利,早就可以选择退休安然享受生活了,但他们还在竞争如此之大的当下燃烧自己的设计理念,力求提高中国大众的审美。

　　正是这些优秀老师本身对党的二十大精神作出了诠释,让我对党的二十大精神有了更实际的理解。我愿意将它运用到自己的学习中,指导自己前行。

后　　记

　　为全面贯彻习近平新时代中国特色社会主义思想，深入学习宣传贯彻党的二十大精神，推动党的创新理论最新成果入脑入心，充分发挥新时代伟大成就的教育激励作用，丰富思政课教学内容，讲好新时代故事，上海大学教务部、学生工作办公室联合学校十二个书院主办，教育部课程思政教学研究示范中心（上海大学）承办了"生音：读报告 融课程 跟党走"学生征文活动。

　　时隔一年，2024年的7月29日，我终于完成了《生音——读报告 融课程 跟党走》上海大学学生征文集的稿件整理。

　　我手写我心。我要感谢所有积极参与征文的同学们。感谢附录中选编的"创新中国"第22季课程班学生撰写的同题作业。你们的温暖文字，呈现了你们的所思所想。我读出了你们的青春洋溢，我读出了你们文字中党的二十大精神进教材进课堂进头脑的实践伟力。

　　我要感谢教育部课程思政教学研究示范中心（上海大学）特聘研究员——马克思主义学院青年教师孙会岩、赵静、张青子衿、张彦青、徐苗、杨阳，是你们在繁重的教学和科研工作之余，帮忙参与学生征文的评审工作。

　　我要感谢上海大学领导对征文工作的支持、聂清副校长对参赛获奖学生的勉励。

　　我要感谢我的育成结对学生沈桐羽、我的研究生——马克思主义学院周孙卿和孙梦泽，在繁忙的学业之余，帮我及时收整资料。

　　我要感谢上海大学出版社名誉总编傅玉芳老师，一如既往用诚挚专业给予热忱服务。

　　有了你们，才有《生音——读报告 融课程 跟党走》学生征文集的面世。

　　由于关联师生和课程多，我们在汇编时难免有错讹，敬请谅解。

　　为贯彻落实党的二十大作出的战略部署，中国共产党第二十届中央委员会第三次全体会议研究了进一步全面深化改革、推进中国式现代化问题，在全面学习贯彻党的二十届三中全会精神的今天，期待我们聚焦时代新人培养，完善立法树人机制，共同续写上海大学思政课和课程思政建设的崭新篇章。

顾晓英
2024年7月29日